U0916365

“我一开口，就能说服所有人”

马云说话之道

吴帝聪 | 著

台海出版社

图书在版编目（CIP）数据

我一开口，就能说服所有人：马云说话之道 / 吴帝聪著.--北京：台海出版社，2014.11（2017.10重印）

ISBN 978-7-5168-0498-8

Ⅰ.①我… Ⅱ.①吴… Ⅲ.①马云－演讲－语言艺术

Ⅳ.①H019

中国版本图书馆CIP数据核字（2014）第251485号

“我一开口，就能说服所有人”：马云说话之道

著　　者：吴帝聪

责任编辑：王　品　　　　装帧设计：刘　俊
版式设计：曹　敏　　　　责任印制：蔡　旭

出版发行：台海出版社
地　　址：北京市东城区景山东街20号　邮政编码：100009
电　　话：010－64041652（发行，邮购）
传　　真：010－84045799（总编室）
网　　址：www.taimeng.org.cn/thcbs/default.htm
E － mail：thcbs@126.com

经　　销：全国各地新华书店
印　　刷：北京市文林印务有限公司
本书如有破损、缺页、装订错误，请与本社联系调换

开　　本：170×230　1/16
字　　数：209千字　　　　印　张：16.5
版　　次：2015年1月第1版　　　　印　次：2017年10月第13次印刷
书　　号：ISBN 978-7-5168-0498-8

定　　价：35.00元

前　言

教人说话的书有可能你已经买过很多本，但你依然需要拥有这一本。

因为，这本书讲的是马云说话之道。

马云是谁？他有很多个耀眼的标签，在本书中，他的标签是世界上最会说话的人。

他曾比大多数人都混得惨，但却又比大多数人都活得精彩，他说连他这样的人都能成功，还有什么人是不能成功的呢？

他是个“问题孩子”，然而，就是这样一个问题孩子长大后，用互联网改变了中国人的生活方式；高考时，他曾三次落榜，上大学后却成了校园里的风云人物，荣任“主席”；毕业时，他曾因个人形象太差而被诸多企业拒之门外，找不到工作。如今，他却是全国最知名的企业家之一，也是中国大陆第一个登上《福布斯》杂志的本土企业家，2014年，50岁的他成为中国首富。他在电视台当过评委，他去过各大知名高校演讲，他也曾被国家总理接见过……这些，都是大多数中国人的梦，但马云却都一一实现了。

有人说，马云能够有今天的成就是因为他的执著，也有人说马云能够有今天是因为他的疯狂，更有人说马云能够有今天是因为他的远见……人们将无数赞美之词用在这个其貌不扬的企业家身上。但马云却说，他的成功是因为机遇——是时代造就了他。

富有传奇色彩的马云，是很难用一个固有的词来定义的，但没有人能够否认，口才在马云的成功路上起到了莫大的作用。甚至有追随他多年的淘宝部下在网上吐槽：“马云的成功全凭一张嘴”，这句话绝非贬义，因为还有后半句：“他一开口，我们所有人都心甘情愿地信服他。”

马云是真正的草根，创办中国黄页伊始没有任何资源，仅仅凭着三寸不烂之舌，用六分钟时间就搞定了投资方；后来，马云又凭借口才，用激情点燃了阿里巴巴人的斗志，从而带领大家走向春天；淘宝商城事件中，马云一席话就安抚了有意见的用户，稳住了他们的情绪，赢得了重回谈判桌的机会……

所有这些，马云都要靠口才。可以说，如果没有超凡的口才，马云未必能够取得今天的辉煌，至少，他的事业不会那么顺利。

马云的语言是多彩的。它有时像一团火，可以点燃每一个听众的内心，给人以力量；有时又像一块冰，瞬间冷却听众狂躁的内心，让听众获得清醒。到底像什么，从来都是马云说了算，当听众需要火的时候，他就释放温暖；当听众需要冰的时候，他就散发冷静。

听过马云演讲的人，大都会有这样一种感觉，觉得他就像是一个语言的魔术师。他的话坚定中透着前卫，朴素中又流露着深刻；他的话幽默但不肤浅，犀利但又没有丝毫的尖刻。马云善于自嘲，但从他的自嘲中，可以听出他的品位；马云善于讽刺，但讽刺中又含着引导。他总是语出惊人，不管在什么场合，不管面对的是谁，马云一张嘴就能将所有的目光都聚集到自己的身上。这就是马云的魅力，一个有着高超口才的人的魅力。

有人说，听马云演讲是一种享受；也有人说，听马云演讲是绝佳的学习机会；更是有人说，听马云演讲可以更加清醒地认识自我。

马云是偶像，受人崇拜，马云更是目标，亿万人都想要追赶。想要从马云身上借鉴东西，首先就要学习他的语言表达方式。或许有人会说，马云的口才太好了，是别人学不会的。其实，这是误解，首先会说话并不是很难的事情；其次，即使达不到马云那般好，只要比我们现在强，就能够给我们的生活带来更多的帮助。有这些，就足够了。

古人说："三寸不烂之舌，强于百万之师。"本书以马云的真实事例作为写作的主体，向读者展示了马云口才的惊人力量。你既可以欣赏其中的精彩绝妙之处，也可以从中寻觅到自我提升的方法与路径。

开始一段愉快而有激情的阅读旅程吧，马云将与你在字里行间相遇！

目 录
Contents

第3章 CHAPTER THREE 话多不如话少，话少不如话好

像马云一样用点心理学，五分钟和陌生人成为朋友

第4章 CHAPTER FOUR “怎样说”比“说什么”更重要

像马云一样“布道”，让你拥有追随者

第10章
CHAPTER TEN

当你炫耀聪明时，就开始变得愚蠢

像马云一样选对立场，开口就让人有好感

附　录　马云的魅力演讲和绝妙语录

第1章

说话不自信的士兵，当不了将军

像马云一样说话有自信，所有人都挺你

言语自信，更添魅力

有些人说话很大胆，给人一种开阔感，有些人说话则唯唯诺诺，让人觉得沉闷。有这类差别，虽然存在表述技巧优劣等因素，但更大程度上还是性格的原因。一般来讲，自信的人讲话的时候更富激情，也更能引起别人的注意。而不自信者，则往往相反，即使给别人讲述一个很好的道理，对方有时也会半信半疑。这种性格上的差异，直接影响着我们说的话在别人那里受到重视的程度。

做人就是要自信起来。当然自信不是自负，那种觉得自己哪一方面都很强，都很优秀的方式是不好的，会给人以轻浮感。但在自己的专业领域内或者是自己感兴趣的方向，一定要表现出自信来。我们不期望自己以一个全能者的身份出现，但至少我们要有自己能够很好地掌控的领域。这样，我们才能得到更多人的认同。

马云一直是以激情和自信著称的。他的自信自然也带入了日常的表达当中。听马云讲话，会让人觉得很振奋，因为他的自信能够很好地传达到听众的内心，给人以奋发向上的力量。

在2010年中国地方与行业网站高峰论坛会上，马云说：

我不是第一次来参加站长大会了，十年八年以前我参加各种论坛，和你们一样是坐在那里倾听别人讲话的人。我并不是为了获取什么才去倾听，而是听别人讲成功和失败事例之后反思我回去做什么。学习别人成功的时候，一定要先花一点时间学习别人是怎么失败的。只有你相信你是站长，只有你相信你可以影响很多人，你才能影响很多人。什么是最近流行的话？就是心有多大，舞台就有多大，而我觉得你的责任心有多大你的舞台就有多大，你愿意为一个人承担责任你就是自己，你愿意为十个人承担责任你就是经理，你愿意为几百万人承担责任你就是市长，你愿意为十几亿人承担责任你就是胡总书记（指时任中共中央总书记、国家主席胡锦涛）。愿望的达成一定是需要时间和付出大量代价的，当这些代价到了一定时候，你就一定可以更加接近你的人生目标，实现你美好的愿望！我想我是尊重大家的，因为你们比我们强大太多了，中国的希望一定是在你们的身上，而我们这些人是在靠手势维护，淘宝不要倒，阿里巴巴不要倒。你说我们还在发展，其实是刚刚成长。谢谢！

上面一段话，是马云在回答一位观众的提问时讲到的。从中我们可以感受到一种给听者以信心的力量。而这份力量的来源，自然就是马云的自信。

自信是可以传染的。跟一个自信的人对话，会让人感觉振奋，因为通过他们的自信，也让我们对自己增加了信心。因此，想要让自己的话有更多人听、有更多人信，就要培养一种积极自信的心态。然后将这份自信传递出去，用自信的口吻跟人说话，会让人觉得这个人很优秀，也很有实力。而不自信、不确定性的口吻，则会让人产生怀疑。

自信说起来是一件极为简单的事，但做起来就没那么简单了。尤其是一个本来不自信的人，想要变得自信，是需要一个过程的。首先就是要看到自己的优点，而不是看别人的优点然后拿来跟自己的缺点比。前者会让我们觉得自己优秀，从而产生自信，后者会让我们觉得自己太过平庸从而滋生自我怀疑情绪。

建立起个人的自信之后，就是传达自信了。在跟别人讲话的时候，尤其是讲到自己擅长的领域时，口吻要坚决些，语气要坚定些，多说些有力量的话。这些做法都能提高我们的可信度。培养自信，或者说些有自信的话，最重要的是走出第一步。只要第一步走出去了，之后自然就顺利了。

做专业领域内的“话语权威”

每个人都有自己的长处，也都有自己的短处。不过有的人的长处是能引起别人共鸣的，是大家都想要的，而有的人的短处是相对来说能引起共鸣少的，是大家所不太在意的。于是，我们的生活中便出现了很多优秀的人和一些不够优秀的人。就比如马云，他的长处是经营公司、演讲等，这些都是别人所想要的、所羡慕的，所以大家都崇拜马云。而我们之所以无法获得别人对马云那般的崇拜度，就是因为我们所擅长的领域不具备公共性，难以引起大批人的共鸣，因此虽然我们可能在自己擅长的领域也做到了马云那般优秀，但还是无法像马云一样，得到众人的拥戴。

这是现实决定的，不要因此气馁。更重要的是，要懂得尽量展现自己。

我们或许无法像马云一样得到全世界的认可，但可以做到让自己身边的人认可。这也是一种成功。

而想要获得这样的成功，就需要树立一种专业领域内的自信。只要我们在自己擅长的领域内做得足够优秀，然后将其表达出来，就可以了。事实上，马云很多时候也是这么做的。

下面是马云在一次演讲中的一段。

> 当年我们和中国电信的一个三产企业发生了竞争，它那时候的注册资本是2.4亿元人民币，中国黄页的注册资本是5万元，相比之下，我们的竞争非常惨烈。但是大象要踩死蚂蚁也并非人们想象的那么简单，只要有好的策略，蚂蚁照样可以活下来。所以八个月后，我们谁也没压倒对方。
>
> 于是大家就坐下来谈。他们建议双方构成合资企业，他们投140万元人民币。天哪，那时候我们总共的注册资金才5万元，我一听见140万元，顿时心花怒放，好，脑袋一拍就干了。但是合资企业成立以后灾难就来了，董事会他们有5票，我们才2票，我的任何想法只要一提出来，他们有一个人举手，其他4个人就都举，五六次董事会下来，我们的建议竟然没有一样是通过的！
>
> 当时才意识到140万元是个陷阱。因为双方目的不同，我看140万元资金是想到了可以不受资金限制去大展拳脚，他们想到的却是——140万元就可以灭了我们！
>
> 这一次，我们吸取了教训——拿到了钱却丢掉了最宝贵的东西，因为你本来可以实施的东西都不能实施了。从那时起，我就有了一个坚定的信念：今后创办公司，永远不控股公司，一定要给下

面充分的理解和支持，不让他们觉得痛苦，我讨厌别人没道理地控制你，我也不去控制别人。有人要控制你，你就得留一条后路或者尽早离开，那绝非好的合作对象。

领导凭借的是什么？一个好的CEO必须认识到，资金是为我们服务的，但它不是主宰，真正起关键作用的是CEO的胆识、气魄、智慧和眼光。我自从吃过电信的亏以后，我就把公司所有的股份都分给了员工，大家平分而不是靠股份控制。

马云这番话说得铿锵有力，给人一种极度自信的感觉。他能做到这点，就是因为他能够读懂市场，能够正确判定市场的形势。这是马云擅长的领域，因此他讲起来，我们就会非常愿意听。

我们要学习的就是这点，将自己擅长的领域，很骄傲地讲出来。当我们这么做的时候，我们本身传递的就是一种自信。这份自信，可以让我们获得更多的好评，别人也会通过我们的表达，觉得我们很是优秀。

不要觉得自己不如别人，所谓“尺有所短，寸有所长”，每个人都有自身的优点，也都有自己擅长的领域。将这些大声喊出来，自然就有更多人听。一个人用自信的语言介绍自己所擅长的领域的时候，哪怕对方听不懂，也会被这份自信和坚定所感染，从而觉得这个人是一个有魅力的人。

马云的身体也会“说话”

不管是私下里的谈话还是公开场合的演讲，都不仅仅是用嘴说那么简单，还要配合很多的动作、表情。这些虽是辅助，但如果将这些做好了，那么就可以为我们的讲话加分，如果做不好，则会减分。

马云就是一个肢体语言极丰富的人，在讲话中，尤其是演讲的时候，他总是有一些标志性的动作。比如，马云常常会握紧拳头，同时讲话中将两腮收紧。这样就给人一种他很自信的感觉，从而让人们更加相信他说的话。

马云是一个商人，因此不管是讲人生也好，讲事业也好，都或多或少地离不开宣传他的企业。他总是希望别人能够相信他。因此，这些表达他自信的肢体语言，对他想要达到的效果是很有帮助的。

我们先来看一段马云在优米网《在路上》栏目的一段讲话：

> 如果你为了挣钱，我告诉你，永远有比你想的更挣钱的东西。你选择是因为你喜欢，你喜欢你就不要抱怨。你们一定会替我们找到未来。不是每个80后、90后都会成功的，但有人会成功。
>
> 今天的中国，经济高速发展，但是我们的价值体系，我们的文化体系受到了摧毁。我们需要重新找回价值体系，让年轻人明白，不要怪人家富，而应该想我要如何改变自己，我要对社会有贡献，我要寻找快乐，寻找幸福感。创业不会给你带来幸福感，但会给你带来快感，虽然快感的背后是痛苦。真正的幸福感是你知道自己在做什么，并从痛苦中找到快乐。
>
> 我坚定不移地相信，80后会为我们、为这个国家找回价值体

系，而这个时代才是中国真正腾飞的时代，永远是如此，一代胜过一代。

80后要比的，是20年后。阿里巴巴、腾讯、百度、新浪、微博抓住了这个时代。那么，什么是下一个最好的机遇？告诉大家，只有解决问题的公司，才会成为一家伟大的公司。去想你为未来、为社会解决什么问题，这样的人才会取得成功。

在这段演讲中，马云整个过程表现得很轻松，不时加入一些动作来辅助，因此效果很好。

从这段话的内容我们可以看出，它是有一定的鼓舞性的。但试想一下，如果我们是用播音员播音式的方式将它讲出来，那么肯定就会觉得枯燥无味了。而用马云的方式，语调变化多端，配以诸多手势，效果就会加倍。这就是肢体语言的重要性。

如果你看过马云演讲的视频，就会发现一点。马云很少用手持话筒，只要能够用耳麦，他就不会选择手持话筒。他这么做的目的就是为了能够解放出自己的双手来，做更多的辅助动作。

如果在演讲中有一只手是拿着话筒的，那么肢体上的动作就会大打折扣，也不能更好地辅助表现自己想要表达的情感。

讲话从来都不是一件单纯的事，不仅要靠说，还要有很多其他的辅助。比如环境，如果在一个庄严肃穆的大厅中，我们大谈理想，就会给人一种振奋感，觉得这理想是可信的。如果在繁华的闹市中大谈理想就不会有那么大的冲击力，因为这个环境就不对。

同样，一个人站在那里一动不动地讲话，跟一个肢体语言丰富，不停做些手势、表情的人讲话，也是有很大区分的。前者让人感觉枯燥和乏味，而后者更能营造一种代入感，情绪渲染力更强。

千万不要小看这些辅助手段，很多时候，它们也是能够起到大作用的。因此，想要提高自己的讲话能力，不仅要联系表达技巧，更要懂得用诸多的肢体语言去配合。只有这样，才能让我们的演说更加贴切，也更有感染力。

煽情不是错，用感染力“俘获”人心

同样是讲话，同样是表述一个问题。有的人说出来，感染力就很强，有的人说出来，则让听者感觉平淡无奇，不会引起半点情绪上的共鸣。有此差别，不在于不同场合的观众人员构成不同，而在于演讲者采用了什么样的演讲方式。

那些讲话感染力强的人，一定是比较自信，善于营造氛围的人，也就是“煽情”能力强的人。相反，则是“煽情”能力较弱或者没有这种能力的人。

很多人都觉得“煽情”是不好的，会给人一种虚假感。这是不对的，那种故意煽情，用自己的情绪给别人挖陷阱的行为当然不好，但真实地表达自己当时的情绪，将跟自己有强烈情绪共鸣的道理，用一种带有激情的方式表达出来，不仅不是泛滥的“煽情”，反而是自信的一种表现，更加有利于我们“俘获”人心。

马云是一个绝对自信的人，也是一个非常有激情的人。他不仅自己激情满满，还时刻传递激情。他会将自己的激情传递给自己的员工、客户、朋友，甚至传递给关注着他的每一个人。而这些都来自于马云的自信。

下面几段话，分别截取于马云不同时期在公司内部对员工的讲话。

> 我建议大家从明天开始，把我们的80年改为102年，成为中国最伟大、最独特，成为横跨三个世纪的公司。如果能活102年，就是我们最大的成功。阿里最大的成功不是我们有了诚信通、中国供应商，而是我们创造了伟大的公司。102年我肯定看不到，到了那时，我137岁。但我们可以把自己的孩子，孩子的孩子请到这里来，让他们今生无悔。
>
> 胸怀这个字眼里边就是使命感。因为有使命感，你才有这种胸怀。让别人去说，自己知道自己在做什么，而且一定要把它做出来。比如，我胸怀超大，希望改变人类；我希望影响别人，帮助别人，有了这种使命感，你往前走的时候，可能很傻很天真。别人看你很傻很天真，但是你比谁都意志坚强。胸怀就是你根本不在乎别人怎么评价。
>
> 军人跟农民去打猎，区别是什么？军人穿着军装打，打得很漂亮，很准。但如果野猪没打死，军人就往山上跑，农民则是把菜刀拔出来劈过去，这个就是区别！我们发现问题不是赶紧跑或者是等它打，而是要把自家的刀拿出来，让我来干。因为你逃也没有用。

不同时间的几段话，马云没有刻意标榜自己，也没有特别的夸张和吹嘘。但是从中我们却看出马云的从容和淡定，而这些自然来自于他那满满的自信。这就是马云的激情来源。

一个人，如果连自己都不相信自己，那么他必然会走向失败，只有自己给自己鼓劲，打起精神来，才能逐渐点燃激情，让自己焕然一新。

当然，光让自己激情起来是不够的，还要将这份激情传递出去，通过话语让自己的激情点燃别人，从而让他们跟我们一道去奋斗。这样的人，才能获得成功。

先让自己自信起来，之后获得激情，然后用自己的激情点燃别人，让自己的话语铿锵有力，这样必然能够受到别人的认可。

讲自己相信的，别人才能信

一个讲话高手，通常不仅是言之有物，还言之有理。听他们讲话，不仅能够丰富自己的见闻，还能明白许多道理，让自己的逻辑思维能力获得提升。

因此，如果我们想要成为一个讲话高手，不仅要拓宽自己的知识面，还要延伸自己的见识深度。只有有了足够的见识，清晰的逻辑，才能够说出别人说不出的道理来，才能让人更加敬佩你。

一般来说，每个人都是对自己的观点持自信态度的，总觉得自己的观点是对的，而觉得跟自己不同观点的人或多或少都有些问题。在这种情况下，如果想让人觉得你说得有理，就要花费一番功夫了。最好的方法是，能说出那些人人眼中有，但人人口中无的道理来。只有那样，才能给自己树立一个明理的形象。

马云就是这样一个人，他的话总是能够引起别人的共鸣。其关键点就在于他总是能够说出人人都看在眼里，但都没能很好地加以总结提炼的东西。所以这些话从马云的嘴里说出来之后，听者都会以手加额，叹息一声：可不就是这么回事吗？正是因为这种能力，让马云获得了太多人的认可甚至是崇拜。马云讲话的时候是自信的，他相信自己所讲述的内容，因此会有一种与众不同的气场，这种气场让别人也会相信他。

下面就列举一些马云曾说过的话：

> 我一直认为，不管做任何事都不能有功利心。做事不能功利性太强。我没有什么功利心，我只是想证明，我们这代人通过努力是可以做一件伟大的事情的。但说归说，做还得脚踏实地，最后证明你不是狂人。七八年前大家觉得你狂，做出来就不会有人这么说了，我不过比别人早做了三年而已。阿里巴巴融资是为了做一番事业。找风险投资的时候，必须跟风险投资共担风险，这样你获得投资的可能性才会更大。
>
> 一个公司在两种情况下最容易犯错误，第一是有太多钱的时候，第二是面对太多机会的时候。一个CEO看到的不应该是机会，因为机会无处不在，一个CEO更应该看到灾难，并把灾难扼杀在摇篮里。
>
> 最容易做的决策一定是个臭决策，好决策往往在取舍之间，领导者的决策就是舍和得。
>
> 只有在犯过错以后，才能总结出一些经验，而这些经验恰恰是一些人急需的，因而错也是一种资本。每次犯错，你的体会就会

深一层，时间一久你就知道怎么做了。我们考虑人可以在错误中学习，那最好的办法就是在别人的错误中学习。把别人的错误经验复制到自己身上，才会避免犯同样的错误！犯错误不可怕，可怕的是你不知道自己犯了什么错。

我们最大的财富是经历了这么多的困难和失败，犯了这么多的错误。我们前面犯了很多很多错误，今后还会犯很多很多错误。

成功不是在于你得到了什么，而是在于你在这过程历练了什么。失败可以改变一个人的命运，从头再来也未必是坏事情，成功也未必是最终结果。创业者需要警钟长鸣!

这些话中所蕴含的道理未必有多么深刻，但却极容易引起别人的共鸣。这类就是大多数人眼中都有，但大多数人嘴里都没有的道理。马云的睿智和犀利，就是建立在这样的道理之上的。

一个言之有理的人，在别人的眼中一定是知书达理的人，在我们的文化中，一个知书达理的人总是会被人高看一眼的。而且他们本身自信，更是让他们的话语增添了几分力量。因此，如果给人这种印象了，也就不愁没人不认同我们了。

想要言之有理，首先要做的就是脑中有理，因而，我们要养成喜欢观察和思考的习惯。更重要的是要看一些思辨的图书，增强自己的思维能力，只有这样，才能看到别人看不到的，从而说出别人说不出的。

当我们可以经常性地说出别人说不出的道理的时候，自然就成了讲话的高手了。那时候，我们身边的人也自然就会认同我们了。

激情，是情感的“引线”

人分很多种，有的是开朗的，有的是沉闷的，前者有激情，后者没有激情。在为人处世上，前者风风火火，一副忙碌样，后者则安安静静，一副沉稳样。有开朗的人想让自己静下来，觉得那样才是成熟，也有沉静的人想要自己动起来，认为那样才叫人生。

其实，两者没有太多差别，不过是个人的生活处世方式罢了，各有优缺点，谈不上哪个一定比哪个强。可是，如果想要让自己的口才变得更好，那么就需要努力去做一个开朗的人了，要有激情，这样才能获得更多的机会。

当然，要有激情，更要有持久的激情。如果只是三分钟热度，那么多半是无法成事的。

马云是一个有持续激情的人，他也无时无刻不在表达激情，传递激情。在一次内部员工的讲话中，马云说：

> 我们反思这么一个问题，我们特别不希望阿里巴巴老的员工、老的干部就像当年的万元户，我特别不希望我们这些人熬了5年八年，一会儿就没了。这些钱现在来看不少，未来看不算什么，我们公司还在布局之中。我们要做102年，这不是一个口号。我每天都在想，北京也好，全世界也好，人家的百年公司最重要的基因是什么？我们还要走94年，电子商务才做了20年，如果我们做20年的话，光靠B2B不行，我们加上淘宝、支付宝，整个大局合起来，整个产业链打通，才有可能走20年、30年。30年以后可能是一个新的行业，我们有可能进入生物科技，有可能进入月球探索，那个时候

我肯定不是CEO，也不知道下一个CEO会将我们带到哪里。但是文化里面，企业价值观不变。30年以后，我们这些人死掉的可能性不太大，30年以后的CEO还是要听我们的，我们的文化、价值观。等于是长老院里面的人，我们还是要决定我们认为对的事情。

马云就是一个有激情的人，不过他更在意的是坚持，他觉得只有保持激情才能够做成更多的事情。如果是三分钟热度，那么最后的结果就是半途而废。

激情最大的作用在于既可以让自己更加有活力，又可以点燃别人内心的火焰。如果一个人的激情不够持久，那么这活力必然也不会持久，带给别人的印象一定也会大打折扣。因此，持久的激情，才是最重要的。

而获得激情的办法，自然是给自己设定一个目标，一个足够坚定、也足够有诱惑力的目标。只有这样，我们才能逼着自己去做，才能逼着自己点燃自己的激情。

自身有了激情之后，便是去表达激情了。跟人聊天的时候，不要一副萎靡的困顿样，要有精神。不管说话还是做事，都要有力量。不过也要注意一点，千万不要用力太过。像马云那样，讲话语气坚定，表情坚决，用语豪气的，才是有激情。那些歇斯底里，不管说什么都大声喊的人，好像生怕别人不知道他在表达情绪似的人，他们所表现的不能叫作激情。他们不会让人信服，只能让人讨厌。

有激情的语言，可以感染更多人，但一定要保持持续的激情才能说服更多人。要知道，说服是一个漫长的过程，偶尔一次的感动，收获的只能是对方对我们的美好印象，并不能让他们完全信服我们。只有拥有持续的激情，不停地感染一个人，才能真正达到说服的目的。

无论被拒绝多少次，都不要闭嘴

人想要成功，就要有坚持精神。只有通过坚持不懈的努力，才能达到最终的目标。如果遭遇一点点的困难就想要放弃，那么无论如何也无法获得我们想要的成功。

其实，不仅事业上如此，讲话也一样，都需要有坚持的精神。当我们给别人讲述一个我们自以为很正确的道理的时候，常会被别人抵触。因为他们内心中对我们所言说的领域也早已有了固定的观点，且认为那是对的。因此，当我们想要改变他们的看法，让他们跟我们保持一致的时候，首先要认识到，对方有抵触情绪。

这时候，就需要一些坚持的精神了。不要觉得对方有抵触情绪就轻易放弃。不时地提起，给他们耐心讲解我们的理由，总有一天，会改变对方。这就是坚持的作用，不仅在跟人说理的时候要如此，被客户拒绝的时候更是要如此。要不停地说，不管被人拒绝了多少次，都不能选择主动闭嘴。这样成功率才会高。

2003年2月，当马云和孙正义就进军C2C市场一事达成高度共识时，阿里巴巴知道，第四次融资已是板上钉钉的事了，因为孙正义是非投不可的，关键是他投多少和占多少股份的事，这才是谈判的主要内容。

不出所料，2003年7月，孙正义的越洋电话就打来了。在电话里，孙正义正式提出了二度注资的想法，双方约定几天后在日本东京会面。于是这才有了马云和蔡崇庆会后上东京的事。到东京后，在马云和孙正义初步定下调子后，蔡崇庆与孙正义及其手下便开始了正式谈判。谈判进行得很激烈也很艰苦，焦点集中在两个问题上：一是孙正义二次投资后是否控股，二是阿里巴巴员工能否持股。蔡崇庆可谓谈判老手，他也和孙正义交过一次手，但这次谈了很久，双方还是僵持不下。“当时讨价还价的程度不亚于第一次。”蔡崇庆如此描述。

会场休息期间，马云去了趟洗手间，孙正义也跟了进来。双方对视了一会儿，马云突然提出了一个折中的方案：“我觉得8200万美元是个合适的数字，你觉得怎么样？”孙正义想了一下，很痛快地同意了：“好，那就这么定下来。”

回到谈判桌前，他们告诉在场的人问题解决了。蔡崇庆说：“他们两人去洗手间时，还显得有点紧张，再回到谈判桌上时已经笑容满面了。”为什么马云要提8200万美元，不多不少？“这是平衡的结果，投资者和我们都做了妥协。”马云这样解释。在软银二度注资之后，其股份已经增至接近30%，但尚未达到相对控股，相对控股的是包括管理层在内的阿里巴巴员工股。

这就是阿里巴巴的第四次融资，实际上是阿里巴巴为淘宝融资，也可看作孙正义主动投资让阿里巴巴做淘宝。

马云的这种不放弃、不停试探的精神，对他的成功是有极大帮助的。没有谁可以轻松说服另一个人，事实是，不管干什么，都要有一个过程，而且这过程往往并不是很愉悦。这时候，只有坚持，才能达到目标。

当然，想要做到坚持说，首先要解决一个问题。很多人被人拒绝之后就不再开口了，之所以这样不是不明白只有继续说才有说服对方的可能，而是觉得接着说显得很没面子，甚至有的人被拒绝之后便觉得对方没有善意，从而怀恨在心。其实大可不必。

想想看，我们不是也经常拒绝别人吗？总结一下我们拒绝别人的理由，就会发现，我们其实没有恶意，不过是有诸多不方便的条件，所以不想在某个时刻跟某个人交谈而已。如果被我们拒绝的人，换个时间再来，我们很可能愿意跟他们聊。而拒绝我们的人，也是这么想的。所以不要觉得被拒绝之后便是没了面子，从此不再上那人的门。

多一些坚持精神，被人拒绝之后不闭嘴，才能完成更多的说服。

把“坏”事往好里说

评价一个人口才的标准，不仅仅是他的讲话技巧，更多的还是他传递出来的是什么样的信息。同样的道理，表达技巧好的人，自然更受欢迎。可是，如果一个人在表达上欠缺，却总是能讲出更深的道理，另一个人虽然表达技巧好，但常常言之无物，显而易见是前者更受欢迎。所以，想要让自己的讲话吸引更多人，还要在讲话内容上多下功夫。

对于当今的社会，更能吸引人的是正能量的话。所谓正能量的话，就是能够让人振奋的，可以给人加油、鼓劲的话。这样的话能够点燃人们内心的激情，让人听了之后在内心燃起希望。马云就是一个传递正能量的人。

如果你对马云足够了解，自然会知道，他很少抱怨，在遇到困难的时候，也从不将原因归结为环境的变换，总是在第一时间寻找解决办法。这个态度就是正能量的态度。更为重要的是，即使是不太具备正能量的话，他也能够讲出正能量来。这就是一种境界了，总是能把“坏”事往好里说。

在讲到创业的艰难时，马云说：

什么是品牌和企业？我比别人活得长。你活着人家死了，你就是品牌，就是这么简单。

我觉得做一件事，经历就是一种成功。你去闯一闯，不行你还可以掉头；但是，你如果不做，“晚上想想千条路，早上起来走原路”，你肯定不会成功。

如果一个年轻人今天和你说他要做什么，三年后依然说他要做这个，而且坚持在做，那你就一定要给这个年轻人机会。

在困难的时候，你要学会用左手温暖你的右手。你在开心的时候，把开心带给别人；在你不开心的时候，别人才会把开心带给你。

开心快乐是一种投资，你开心就要和别人分享，然后有一天别人会回报于你。做一份工作，做一份喜欢的工作就是很好的创业。

没有自己经历过困难的人，不会克服更多的困难。别人能帮助他一次，很难帮助他第二次，人只有靠自己。另外还要记住，这个世界上充满着爱、充满着关怀和关心，所以他应该想他今天碰到的是运气不好的事，比他倒霉的人多得很。

别人怎么说，是没办法的事。你自己要明白，我要去哪里？我能对社会创造什么价值？创业的时候，我的同事可能流过泪，我的朋友可能流过泪；但我没有，因为流泪没有用。

> 我自己告诉自己，我做的事情是对的，我做的事情是非常艰难的，虽然很少有人做得了，但是我愿意尝试。最艰难的黑暗是一个临界点，你跨过这个临界点，就有可能看到曙光。因为，黎明前的黑暗是最难捱的。
>
> 最重要、最珍贵的是，我们即使犯了很多错误，走了很多弯路，仍然要有信心面对明天的挑战。

遇到困难的时候不要怕，而是迎难而上，将问题解决。这就是马云的行事之道，也是他一直在传达的理念。正是这份理念，让马云感染了一批又一批人。

很多人都有一个不好的习惯，即爱抱怨。工作不顺利的时候，他们抱怨工作环境不好，个人不开心的时候，他们抱怨这个社会太过冷漠。总之，在这些人看来，他们身上一切不好的东西，都不是由他们本身造成的，而是外在环境造成的。这样的人就是不讨喜的，他们的言谈给人的感觉就是这是一个阴郁的、不敢承担责任的人。他们的话自然也就是负能量的话，不仅不会获得别人的认同，反而会让很多人产生厌烦感。

而传递正能量的人则不然。他们总是有一种积极乐观的心态，也有一种勇往直前、不畏艰险的精神。就像马云一样，互联网遭遇寒冬的时候，别人都在发愁，马云想的却是怎么度过这个寒冬。这就是一种正能量，他能给人以力量，让人热血沸腾。一个能够给别人力量的人，自然是大家都喜欢的人。

沟通是为了获得别人的认同，因此不要总是讲些消极的话，那样只会让我们变得令人讨厌。让自己积极起来，多给人传递些正能量，自然能够得到我们想要的结果。

给别人鼓劲，就是给自己鼓劲

一个人，不仅要懂得如何对别人讲话，也要偶尔对自己讲话，给自己鼓励，为自己加油，帮自己打气。只有这样，才能保持激情和自信，有了激情和自信之后，才有去说服别人的情绪和动力。

所谓的对自己讲话，也就是要懂得自我鼓励。很多人都没有这个意识，他们给别人讲述道理的时候，说得很明白，可是一旦自己遭遇同样的境况，便不知所措了，从而开始一蹶不振，失去了往日的激情和活力。这时候，不仅自己的情绪无法调节，也没有激情再去说服别人了。

所以，若想要真正让自己保持激情，就要坚持不懈地给自己加油鼓劲，要给自我以力量。世界很复杂，也很现实，在我们情绪低落的时候，很少能有人及时来到我们身边，并给予有效的劝解。这时候就要靠自己了。完成自我鼓励，然后带着激情重新上路，才能去说服更多的人。

我们看看马云是怎么给人打气，同时也给自己打气的。

> 1999年，我们提出要做80年，在互联网最不景气的2001年和2002年，我们在公司里面讲得最多的词就是“活着”。如果全部的互联网公司都死了，而我们还活着，我们就赢了。我们永远相信只要永不放弃，我们就还是有机会的。
>
> 最后，我们还是坚信一点，这世界上只要有梦想，只要不断努力，只要不断学习，就有成功的那一天。今天很残酷，明天更残酷，后天很美好，但绝大部分人是死在明天晚上，所以每个人都不要放弃今天。

有一个梦想以后，你要经历每一天的痛苦，每一天的积累，没有谁一开始就会成功。这么多年来，我上过很多当，犯过无数错误，走过很多误区，经历过各种各样的事情，这些却是一个创业者最大的财富。

不要总想我能赚多少钱，如果这样想一定很痛苦，尤其是在网上创业的朋友。今天这里有很多成功的网商，前面三年根本没有赚钱，天天在网站上贴帖子，泡论坛，我有时候很好奇，晚上这一帮人还在做什么？早上8点起来他们又上网了。这是一种快乐，一种积累。

每次打击，只要你扛过来了，你就会变得更加坚强。我又想，通常期望越高，失望越大，所以我总是想明天肯定会倒霉，一定会有更倒霉的事情发生，那么明天真的有打击来了，我就不会害怕了。你除了重重地打击我，又能怎样？来吧，我都扛得住。抗打击能力强了，真正的信心也就有了。

100个人创业，其中95个人连怎么死的都不知道，没有听见声音就掉下悬崖，还有4个人是你听到一声惨叫，他掉下去了；剩下1个可能不知道为什么还活着，但也不知道明天还活不活得下去了。

这是马云演讲中的一段，从中我们可以看出，马云是一个从来都不会失去信念的人。他懂得自己给自己加油、鼓劲，所以才能永远都有激情。之后，他靠自己的激情去点燃别人，从而获得大家的认可。

讲话传递的不仅是理念，更是一种情绪和态度。因此，如果想要让更多人愿意听我们讲话，喜欢听我们讲话，就要在给别人讲话的时候保持一种积极阳光的心态。而想要永远有这种心态，自我鼓励是必不可少的。多跟自己聊聊天，给自己一些力量，我们充满了正能量之后，才能点燃别人。

世上没有什么可怕的事情，主要看能不能坚持，只要坚持住了，总会有出头的那一天。怕的就是遇到一点困难就止步不前了。这样的人，是不会成功的。经常性地给自己一些鼓励，让自己有坚持的动力，也有奋斗下去的激情，这样才能传递出更多的激情。当我们给别人传递激情的时候，也就是别人被我们说服，开始认同我们的时候了。

第2章

别人不想听的话，笑着说出来

像马云一样说话懂幽默，让你处处受欢迎

幽默，永远是展现风度的最佳武器

人都想做被别人喜欢的，不被别人讨厌的人。可是很多人都是只有这样的想法，却没有相应的能力和手段。其实，很多时候，想要让别人认同你很简单——让自己变得幽默就可以了。尤其是在跟人第一次见面的时候，适时地幽上一默，可以让氛围变得轻松，瞬间拉近人与人之间的距离。

在幽默方面，马云是高手。众所周知，马云的演讲不仅有激情，而且很富幽默性。其实，马云不仅在演讲时是如此，平时也是非常幽默的。他可以依靠自己的语言魅力让人瞬间发笑，之后拉近彼此的距离。

马云曾经做过《对话》节目的嘉宾，在开场的时候，仅靠两句话，便营造了良好的氛围。其秘诀，便是幽默。下面我们看看当时的情景。

主持人：欢迎大家来到《对话》节目的现场，今天我们要对话的嘉宾你一定非常熟悉，来看一看。你能够马上叫得出他的名字，对不对？马云。这是他在《福布斯》杂志上的一张封面照片，今天趁他没出现在我们的对话现场，我想让现场的各位来畅所欲言一番，到底提到马云这两个字时，你对他的印象是什么。

观众：我觉得马云可以用怪来形容，然后第二个字是丑，但是第三个字是强。

观众：我一提马云就想到了，他是外星人在中国做买卖的一个成功典范。

观众：他在90后心目中只能用偶像来形容，而且不是一个普通的偶像。

主持人：你如果找男朋友的话会找马云吗?

观众：不找马云。

观众：马云特别像一个外星人，我也觉得我像外星人，是否今天让马总确认一下，我是否跟他是一个星球的?

主持人：那到底马云真实状况是什么样的？如果你看了今天的对话，我们将还原给你一个实实在在的马云。欢迎马云！

马云：我刚才在后面听好像马云死了以后，大家在念悼词。

主持人：你觉得他们够不够大胆啊?

由以上段落，可见马云的机智。他仅仅依靠在后台听到的几句话，便做出了许多文章，拿自己调侃了一把，成功地制造出幽默的效果。

从中我们可以看出马云的反应之快，同时也能看出幽默之于谈话的重要性。整个过程中，大部分话语都是主持人在跟观众互动，马云只是说了一句话，但这句话却是整个过程的亮点。这就是幽默的效力，短小而精悍，而且对谈话氛围影响非常大。

抗战胜利后的一天，上海一幢公寓里传出阵阵欢笑。原来，画家张大千要返回四川，他的学生们为他送行，梅兰芳等名流也到场作陪。宴会开始，张大千向梅兰芳敬酒，说：“梅先生，你是君子，我是小人，我先敬你一杯！”众宾客都愣住了，梅兰芳也不解其意，笑着询问：“此话作何解释？”张大千笑着朗声答道：“你是君子——动口；我是小人——动手！”满堂来宾，笑声不止，宴会气氛一下子活跃起来。

一个幽默的人不需要夸夸其谈，只要偶尔插上一两句有幽默效果的话，便可以成为焦点。因此可以说想要锻炼口才，根本不需要让自己变得多么能言善辩，只需要练会幽默就可以了。而想要有幽默的能力，首先要有的是不一样的思维方式。

在一般人眼里，被别人说成丑是很丢面子的事，但马云却反其道而行之，自然就能营造出幽默的效果了。同样，称自己是“小人”也是常人所不能理解的，但经过张大千先生一番别致的解释，“笑果”就出来了。

由此可见，只要有不同的思维角度，想要变得幽默也并不是难事。

“随机应变”，马氏幽默的最大特点

有人说说话的最高境界就是幽默，一个幽默的人总是能够给人带来快乐，同时也能为自己赢得更多的关注和机会。这便是幽默的作用了，既欢乐了别人又能成就自己。

很多人也是追求幽默的，不过往往却并不成功，结果弄得自己以为说了一个很好笑的笑话，别人却觉得一点也不好笑，从而让大家都陷入了尴尬中。若想要避免这种情况就要有一定的随机应变的能力，只有能够随时随地地因地制宜，才能让自己的讲话妙趣横生。

在“2008中国企业领袖年会”上，马云幽默开讲。此次，马云再次预言，危机将在两三年内打击每一个人，但伴随着危机，机遇也将来临，优秀企业在逆境中照样可以发展。

演讲开头，马云便说：“今天中午我在外面吃饭，餐厅老板问我，你预计危机明年会结束吗？我说，明年下半年就可以了。他说，明年下半年就可以？我说，明年下半年你就适应了。”

马云以北京团结湖上被冻住的鸭子做比方，呼吁冬天里的变革。他说，这个鸭子一直和野鸭在一起，冬天来了，野鸭都飞走了，这个北京鸭不知道变化，就被冻住了。

“假如你认为这是一个灾难，灾难已经来临；假如你认为这是一个机遇，那么机遇即将形成。去年我跟大家讲，灾难可能会来，现在我告诉大家，机会的形成已经开始，大家开始准备吧！”

“优秀的企业家必须学会比别人提前适应环境，谁先适应谁就有机会。做企业至少要有5年或10年的考虑，两到三年的灾难不算什么灾难。”

“危机是危险中的机会。这次所谓危机，是人类社会进入商业社会全球化的阵痛，人类社会要进入商业社会，走向全球化，就必须面临这样的挑战。”马云表示，今天已经不能称其为灾难或者危机，而是重建体系的开始。

这就是马云式的幽默，用轻松来表达严肃，不仅不会让人觉得唐突和不适，反而能给人一种向上的力量。这便是幽默中的高境界者了，不像有的人，虽然也能让人发笑，却让人笑得并不舒服，会给人一种不庄重的感觉。

在一次演讲中，马云提及“年初有人问我阿里巴巴为什么要做搜索，我回答说就是要让百度睡不着觉。百度如果睡得着觉了，中国互联网网民就睡不着觉了”。

这就是很好的玩笑方式。虽然是在表达自己要跟竞争对手好好比拼一番，但并没有那种剑拔弩张式的严肃和压抑，也不像许多人那般，拼命贬低对手，抬高自己，没有气量。

马云总是能够在各种关系中找到平衡。他可以用简单来表达复杂，更是能够用轻松来表达严肃。而能做到这些，幽默自然是起了很大作用的。

尝试着锻炼自己临场发挥的能力，做一个随机应变的幽默者，自然可以给自己加分。

幽默是一个人必不可少的社交手段。运用得当，可以让对手哑口无言，可以让尴尬消弭于无形。更重要的是，可以给人带来欢乐，进而让人更愿意跟我们接近。可以说，幽默是人与人之间沟通的润滑剂，有了它，自然能够让自己更加圆融，走到哪里都能吃得开。

走到哪里，就把笑声带到哪里

能够在不同场合中自由变换角色的人，是社交的高手，而能够在不同场合都保持幽默的，则是语言表达的高手。

马云就是一个这样的人，他可以随时随地地幽默。不管是跟老朋友聊天，还是跟陌生人第一次接触，抑或是面对千百人的演讲，他都能够表现出幽默的一面。马云的幽默不仅活跃了气氛，拉近了自己与别人的距离，还给大家带来了欢笑。

幽默让马云成为了一个受欢迎的人。

马云最开始的工作是当老师，他以前的一个学生，曾这样描述马云：

上课铃响了，同学们自己选位置坐下。可讲台上空空如也，老师没有到。五六分钟后教室里开始骚动起来，左顾右盼的人越来越多。有人开始建议派人去问问，是不是换教室了。

就在这时，突然见一男子冲上讲台，此人长得瘦小也很特别，他没站稳就开讲：“今天我们讨论的题目是‘迟到’。我最讨厌迟到，迟到就是对别人的不尊重，从某种意义上说迟到就是谋财害命……”这时同学们都会心地笑了，老师用一种诙谐自嘲的方法向同学们表示了歉意，这位老师就是马云。

迟到是不好的，尤其是给别人讲课的老师，迟到了就更不好了。遇到这样的场景，一般人都会感觉很尴尬，可马云却靠幽默来化解了这场尴尬。马云不仅表达了歉意，还让同学们因为长时间等待而萌生出的不满情绪一扫而光。

2006年，哈佛AUSCR中美学生领袖峰会上，一位学生提到马云在接受CCTV采访时说男人的长相和智慧成反比，那请问当今IT界除了李开复先生还有谁长得很好看吗？这个出乎意料的问题引起了全场爆笑。

马云也笑着回答说，我当时说男人的长相往往和智慧成反比。如果上帝给了不好的相貌，就会让自己培养得更有魅力、更加聪明。李开复先生确实长得很帅。不过我确实要说IT界丑陋的人比好看的人要多。

马云说，我知道我认识李开复是在两年前的《对话》节目，当时李开复先生正和北大校长对话，我很欣赏李先生的温文尔雅。第二次是在博鳌论坛的冷餐会上。我非常欣赏Google，它是一个互联网的传奇。而我的理想是超过Google。但是正如我刚才所说，每一个成功人士都有不一样的成长背景、学术，比如我非常欣赏李先生的严谨治学和温文尔雅，如果以他为标准，我恐怕100分里面连10分都拿不到；但是如果拿我的标准来衡量他的话，恐怕他也就10分了。

这就是马云的幽默了，不分场合，不分时间，总是能够让听者发笑。而有这种能力的人，自然是大家都喜欢的人。

幽默是人与人之间交流的润滑剂，这润滑剂来自于欢笑的作用。两个人，哪怕是初次见面，只要笑上一笑，自然就会觉得亲近了不少。跟陌生人见面时，幽上一默，对方马上就会放松下来，从而愿意跟我们交谈。跟客户谈生意的时候，幽上一默，不仅那种剑拔弩张的气氛会得到缓解，对方也会放松对我们的戒备，从而让我们可以谈更多的条件。朋友聚会的时候幽上一默，可以很好地调节氛围，让大家瞬间便情绪高涨。

这些都是幽默的作用，幽默可以让我们所处的环境变得温暖。而想要做到这些，靠的是随时随地都能幽默起来的能力。那不仅需要有随机应变的机智，更需要有一颗快乐的心。只有不管什么时候都保持心情的轻松和愉悦，才能幽默起来。与人相处的时候，不要想着做一个倾听者就好，还要有意识做一个快乐的能调节气氛的人。只有具备这种幽默的意识，才能让我们随时随地幽默。

自暴“劣势”，制造出超凡“笑果”

有人说说话的最高境界便是幽默，而幽默的最高境界就是自我解嘲。所谓自我解嘲就是拿自己开玩笑，调侃自己。这样的幽默是最难得的。

每个人都愿意在人们面前展现自己的魅力。因此，许多人都不愿意调侃自己，因为那样会显得自己不如别人。而真正的自信者，是不在乎这些的，反而经常拿自己来调侃。这是一种真正的自信，因为自信，所以不觉得调侃自己有任何问题。

同时，偶尔调侃自己一下，会给人一种谦虚、低调的感觉。拿自己开玩笑，本身就是放低身段的一种方式。如果这个人有一定的地位或者影响力，而他又勇于调侃自己，那么听他讲话的人，一定会觉得这个人随和、亲切，能放下身段。这是获得别人认同的最好方式。

马云是一个善于自我调侃的人，很多人觉得他长得丑，他便拿自己的长相来开玩笑。说人的长相和才华是成反比的。像这种幽默式的自我调侃，在马云身上还有很多。

马云的一个朋友，在讲到他跟马云的接触时，曾说：

> 在他打算辞职的时候，本来还挺犹豫的。后来有一天快下班的时候，在校园里遇到了系主任。系主任骑着一辆自行车，车把上挂着两把刚从菜市场买回来的菜。他叫住马云，语重心长地劝他好好干英语教师这份很有前途的工作。“我看着他的样子，突然明白，如果继续在学校待下去，他的现在就是我将来的‘前途’了！”于是，马云迅速地辞职了。

这是种非常有趣的调侃方式，从中我们可以看到马云确实是一个有趣的人。他能用很另类的方式来表达自己的经历，从而让听者大笑。

而当谈到“漂亮”的时候，马云又是另一种表达，另一种自我调侃。

> 关于“漂亮”在人生中能起多大作用，马云曾经说：“漂亮当然有用，不漂亮的人经过努力只能做老板，漂亮的人经过努力可以给老板做秘书，哈哈！”

马云是一个很喜欢太极的人，了解马云的人也愿意问他一些关于太极的问题。一次访谈中，马云就曾这样回答别人。

> 我是曾经忽悠过很多人，我忽悠李连杰创办了“太极禅”，还有华谊的王中军来找我，本来想让我投资，但我忽悠他成为一家最大的电影公司。我也忽悠了很多网商，但我不后悔，我忽悠得很成功，点燃了很多人心中的火焰，我会一直忽悠下去。

忽悠要看对象！我可以忽悠李连杰去做“太极禅”，但我绝对不会忽悠赵本山去做“太极禅”。

将自己称为一个大忽悠，这是很多人不愿意的，不过马云并不在意，而且当众讲了出来，反而造成了不一样的幽默效果。这就是自我调侃的魅力了，一个人，当他放下身段的时候，是绝对可以给人带来欢乐的。

而马云式的幽默也确实是无处不在的。他懂得利用谈话现场进行随机应变的幽默，也懂得利用人们固有的思维来进行幽默。那句忽悠也是要看对象的，便是利用了赵本山的小品影响力和给人们的固定记忆。对方已经被很多人当成是大忽悠的标签了，因此马云表示自己甘拜下风，不去忽悠他，也是一种幽默。

自嘲是一种幽默，更是一种高明的交际方法。尤其是两个人初次见面的时候，常会觉得拘谨，这时候，适时自嘲一下，对方马上就能感觉到你这个人没有架子，从而放下心中的负担，愉快地与你交谈。

更为重要的是，自嘲是缓解尴尬的最好方式。当我们遇到不知所措的状况时，不妨自嘲一下。这样不仅可以解除我们的尴尬，反而会让我们在别人眼里加分，觉得我们很可爱。

总之，要明白，偶尔自嘲并不是妄自菲薄，而是一种很好的交际和谈话手段。

妙用比喻，给幽默注入点才情

很多幽默都离不开巧妙的比喻。比喻的特点就是两个情景的转换和融合，本来在说这一件事，但是引入另一个情景，让两者互相融合、类比，之后便可以达到幽默的效果。它不仅可以帮助我们将想要讲的讲清楚，更能够让我们对拿来比喻的情景产生不一样的印象。

马云是一个幽默高手，也是一个比喻的高手。其经典的比喻便是将唐僧师徒四人比作一个创业团队，然后进行了解读，不仅表达了他自己的想法，人们听了之后，对唐僧也产生了不一样的印象。

现在，我们就来看看马云是如何用唐僧做比喻的。

国内最好的团队是唐僧的团队，而刘备的团队是可遇不可求的团队。唐僧的使命感很好，他的目标就是西天取经，是一个个性很强的人，唐僧这样的领导不一定要会说话，他以慈悲为怀，这样的领导很多企业都有。孙悟空呢？能力很强，品德很好，但是缺点也很明显，企业对这样的人是又爱又恨，这样的人才每个企业都有，而且有很多。猪八戒呢？好吃懒做，一个企业没有猪八戒是不正常的。沙僧呢？踏实肯干，挑担牵马，八小时工作制，这样的人企业更多。这是一个平凡的团队，这是严格创造的团队，然而就是因为这个平凡的团队经过九九八十一难，最终取到真经。

不过要管理这个团队，对领导的要求是很高的。一个领导者要有三样：眼光、胸怀、实力，一个企业家的眼光不好，就永远成不了好的企业家。

将唐僧四人的取经团队比作一个创业团队，然后分析其中各自的作用和负责的方向。这样不仅说明了一个好的团队需要哪些人才，更是从另一种角度解读了唐僧师徒四人，不仅清晰表达了马云本身想要表达的观点，而且给人一种新鲜和幽默感。这就是比喻的妙用了，可以让语言生动、幽默，达到我们直接表述所达不到的效果。

在运用比喻方面，马云确实是一个高手，他可以不经意间就拿出一个非常巧妙的比喻，让听者忍俊不禁。

> 1996年、1997年是很残酷的时候。那时候是当骗子的时候，那时候是没人来找我的。阿里巴巴创业的时候，确实很多投资者来找我。至少应该有38家的投资者来找我。我说NO，我不要你们的钱。因为很多人总认为，赚钱要钱很难。其实要钱是最容易的，只要你做得好，人家一定有的。有钱人太多了，你要问的是钱背后是什么，他除了钱以外能够帮你什么。因为跟投资者的关系就像结婚了一样，等到闹离婚的时候事情已经搞不好了。

这段话，是用婚姻比喻合作，很巧妙也有很强的幽默效果。我们在日常讲话的时候，就是要多用这种比喻，去制造幽默的效果。

比喻是一种形象化的表达，尤其是在表述那种较为枯燥的道理的时候，加上一个生动而幽默的例子，可以让我们的语言瞬间就提升几个档次。这些都是其他表达方式所做不到的。

而想要有较强的比喻能力，就要拓展自己的思路，开阔眼界。只有脑袋中装的知识多，思维开阔，不拘一格，才能做出精妙的比喻来。如果思维太过僵化，是不能做好比喻的。

想要让自己的话更加生动和幽默，就要学习不同的讲话技巧，然后将其运用得当。不过，凡事过犹不及，什么方法都不是万能的，有其有利的一面，也有其不利的一面。比喻也一样，巧妙的比喻可以帮我们加分，可以营造幽默效果。如果比喻太过了，或者每一句话都在比喻，反而给人一种不知所云的感觉。

妙用比喻是一个人语言能力强的表现，也是制造幽默的一个非常有效的手段。因此，我们要养成说话时经常打比喻的习惯。

马云的幽默，来自深厚的修养

很多人都想成为一个幽默的人，在众人聚会当中，频出妙语，成为众人关注的焦点。他们平时也在努力，可就是无法让自己变得幽默起来。结果往往是说些只有自己认为好笑的话，弄得大家都很尴尬。

其实，幽默并不难。想要成为一个幽默的人，首先要培养一种积极乐观的心态，这种心态，就是一种修养。有了它，幽默自然就来了。要懂得，想要成为一个制造快乐的人，那么首先要让自己成为一个快乐和有深度的人。

马云是一个心态非常好的人，不管面对什么样的困难，他总是能够坦然面对。正是这种积极乐观的心态，让马云能够随时随地轻松地表达幽默。因为他的内心有快乐，所以才能够释放出快乐来。

关于马云的心态，下面这段话可见一斑。

> 我记得是《时代》杂志首次把我说成疯子的，批评我的想法不切实际。我当然不觉得自己疯狂（crazy），只是与众不同（think different）。你看，我没有信口雌黄，我已把所有被喻为"疯狂"的想法做到了，were here!我也跟国外很多管理层交流过，他们不觉得我疯狂，只是因为我做的事不太合乎中国传统习俗的行为和思维模式，中国人反把我当疯子罢了。

对一般人来说，被别人说成是疯子，是一件很不舒服的事情，但马云并不觉得这有什么，反而是淡定地分析其中的成因。面对这种评价，马云没有愤怒，也没有暴躁，而是坦然接受并积极面对。正是这种心态，让马云不管碰到什么问题，都非常淡然，总是能够保持头脑清醒。更重要的是，他总是能够将坏事变成好事，也能将别人觉得不太好的评价变成好的评价。在被人说疯子这件事上，马云就是这么做的。他不仅坦然接受了，还经常自己提及，制造幽默效果。在一次商业访谈中，面对记者的提问，马云曾说：

> 被看作骗子的时候也是有的——我们刚好可能是中国最早做互联网的，1995年中国还没有连通互联网时，我们已经开始成立一家公司在做了。人家觉得你在讲述一个不存在的东西。而且我自己学的不是计算机专业，我对电脑几乎是不懂的，所以一个不懂电脑的人告诉别人，有着这么一个神秘的网络，大家听晕了，我也说疯了。最后有些人认为我是个骗子。我记得第一次上中央电视台是1995年，有个编导跟一个记者说，这个人看上去就不像是一个好人！
>
> 那时候我在拼命地推广互联网，在最疯狂的时候大家开始"烧

钱”。别人一定会认为：做电子商务的人只会烧钱，不会干事，所以那时候我被当作疯子。

现在是傻子——这两年你看我们非常执著，我们在做这个公司的时候，是不在乎别人怎么看的。我永远只在乎我的客户怎么看，只在乎我的员工怎么看，其他人讲的我都不听。所以人家说你这个人特傻，人家都转型了，你为什么不转型！

将自己说成是骗子、疯子、傻子，这是一般人做不到的，需要有良好的心理能力才可以。但是马云做到了，不仅坦然，且给人一种很幽默的感觉。这就是马云，总是能让事情变得对自己有利。

想要学习马云的幽默，首先要学习的就是马云的这种积极乐观的心态。淡定，才能更好地制造幽默。

当别人质疑我们的时候，不妨坦然接受，然后自我调侃一把，自然就将那质疑粉碎了。如果我们听到质疑后就暴怒，那么只能给人一种没有力量的感觉。还有就是当面对荣誉的时候也要淡定，这样才不会表现得特别张扬从而给人一种张狂感。

当然，积极向上的心态不仅指的是处痛苦而不悲伤，还有处欢乐而依旧淡然。很多人也是可以幽默的，经常能够说出一些好玩的话来，或者有一些好笑的笑话，但是还没等说出口，自己便先笑了起来，这样反而给人一种莫名其妙的感觉。淡然，才能让自己的幽默效果更佳。

让自己成为一个快乐的人，自然能够给更多的人带来快乐。当我们可以给人提供快乐的时候，就是我们被人拥戴的时候了。

给幽默加入情境，就会立即活起来

马云演讲之所以厉害，在于能够瞬间营造出很多情境，让听者有很强的融入感，从而引起共鸣。如果对马云的讲话风格有足够了解，便会发现，马云是一个营造氛围的高手，他营造氛围的方式便是将道理融入到具体的场景当中。

很多人讲述道理的时候，都是教科书式的，用定义的方式在讲。说到奋斗，便强调奋斗的意义，说到努力，便大谈努力的必要，但马云一般不这么做。他常会用一个奋斗者的故事，来给人们讲述奋斗的必要性。通过故事中所展现的情境，获得人们的认同。这样做，语言就生动起来了。而这生动的语言，不仅不会让听者感觉枯燥，还会让人听得津津有味。

在一次公司内部讲话中，马云给同事们讲了这样一个故事：

上帝问一个人是怎么死的，他说我被洪水淹死了。上帝说你淹死前在做什么，他说我就坐在一个小小的岛上，看着水慢慢地上来，就等着你来救我。上帝说我去救过你啊，有一块木头漂过去你没有跳上去；有艘船要救你上去，你说你在等上帝；又有一块泡沫漂过去，你只看了看它，你根本就不想上去。你死，是因为你不想活了。

这个故事强调的，便是自我努力的重要性。但马云没有给人讲努力的意义，也没有讲奋斗的必要，而是借用了一个小故事，给人们讲述道理。这样一来，不仅引起了听者的注意力，更让道理生动、鲜活起来。

说服一个人是非常困难的。每个人都有自己的处世方式，也都有自己认识这个世界的一套规则和标准。直接说服的时候，给对方的印象往往是这个人要改变我，或者这个人在展现他自己的深刻。这时候，听者便会生出一种抵触情绪来，觉得如果认同了对方，便说明自己不如他。正因为此，才会有说服上的困难。

马云说服别人的方式就很好，不教条、不刻板，以一种讲故事的方式，告诉对方一个道理。而这时候，听者是不会有抵触心理的。因为他们会觉得，自己对这个道理的认同，不是来自于对方的强烈命令，也不是来自于对方的告诉，而是自己从对方所讲述的一个小故事中体悟出来的。这是自己智慧的结晶，而不是自己在别人的指导下进步了。这样，听者会很舒服地接受这个劝告。

这就是语言高手们的厉害之处，他们总能用鲜活的语言，让别人在不知不觉中认同自己。

马云语言的鲜活之处，不仅在于喜欢用故事说话，还在于精妙的类比。下面一段，是马云一次在给员工讲话中所提及的。

> 等于跑进了一个很有意思的海鲜市场，全是吃海鲜的，脏是脏了点，但是人气鼎沸，各种各样的小海鲜、大海鲜。什么是大买家呢？就是要搞一点品位，吃完以后还有两个蛋糕放在那儿，再弄杯咖啡品味一把。明知道吃海鲜有没有蛋糕都无所谓，但是如果卖家有一个蛋糕，有品位的人也就走了进来。然而，我们现在把蛋糕做成了很大、很大，海鲜却越来越少。

马云用海鲜和蛋糕来比喻大买家和小买家，一下就让枯燥的表述变得生动起来了。这样，所谓的大小买家便不再是空泛的概念了。即易于听者理解，便于说者进行说服。

人的头脑和记忆方式都是有特性的，越是枯燥的越不容易被记忆，越是生动的，越能引起人们的兴趣。想要让自己变成一个会说话、懂得说话的人，就要让自己的语言生动起来。只有生动的语言，才能让听我们讲话的人变得有兴趣，而不是听了我们的话想要打瞌睡。别人觉得我们讲话有趣了，自然会认为我们本身也是一个有趣的人，这样，我们自然就能得到别人的认可了。

马云是一个有趣的人，就在于他常说有趣的话，他能让枯燥的道理变得生动，也能让烦琐的说服变得轻松。这就是一个人的语言能力。

可以说，马云的成功在于他有独到的眼光，能够洞察世事，看到别人看不到的机会。如果没有如簧之舌，恐怕也不会有马云今天的影响力。这些，都是好口才、会讲话带给他的。

第3章

话多不如话少，话少不如话好

像马云一样用点心理学，五分钟和陌生人成为朋友

超出别人期待的赞美才是最棒的

与人交谈，谈的是心，如果想走进对方的内心，不仅要让他感受到你对他有足够的尊重，还要让他明白你很欣赏他。这时候，赞美别人就显得很重要了。

一句赞美的话，可以让一颗冰冷的心融化，也可以让一个陌生的人对你露出笑脸。常言说，良言一句三冬暖，赞美的话是能够让听者内心产生愉悦感的。不过，这里也要注意一个度的把握。

赞美，一定要发自内心才有力量，如果是那种虚情假意的赞美，还不如没有。另外就是，赞美别人的时候，不要随意说，要说到点子上。比如，谁都愿意听别人说自己长得漂亮，可是如果对方是那种长相极普通，且知道自己长相极普通的人，夸他们漂亮就显得有些假了。这时候，就可以从气质和风度上入手，夸他们气质非凡或风度翩翩，这样才有效果。

即使是赞美，也要运用得当才能显示出其真正的效果来。下面，是有关马云的一篇报道，我们来看看马云是怎么赞美别人的。

2007年，马云出席了互联网年会。在会议上，马云对淘宝的用户表达了感谢。他说淘宝的成长与无数小网站以及淘宝的卖家们是分不开的。马云坦言，淘宝网刚刚起步的时候，跟Ebay竞争，对方企图将淘宝扼杀在摇篮中，通过排他性协议阻止淘宝在门户网站投放广告。为了生存下来，淘宝只能另想他法。而其中非常重要的一个，就是在“互联网的农村”，即中小网站上投放广告。马云说：“所以，淘宝有今天，不能忘记当年在‘井冈山’和‘延安’帮助过我们的老乡。是他们给我们的支持，才让我们有了今天。”

马云认为，中国互联网和全世界互联网不应该都被大网站所垄断，否则就违背了互联网精神。阿里妈妈（阿里妈妈是阿里巴巴公司旗下的一个全新的互联网广告交易平台）就是要发掘中小网站的价值，把它们培养成为中国未来的国际大站。

在会议上，马云还赞扬了雅虎中国的搜索团队为阿里妈妈的成功所做出的巨大贡献。马云说他永远也忘不了当初雅虎为支持阿里妈妈而专门派往杭州的那些精英团队，可以说，阿里妈妈的后台系统和研发，他们是最早参与其中并起到了极大作用的。作为一个面向中小企业的开放透明式网络广告平台，其投放广告精准匹配程度是核心价值所在，也是广告主最为关心的问题，而这个问题的最佳技术解决手段，自然是搜索。因此，当初的雅虎支持团队，确实是帮了阿里妈妈的大忙。

马云的赞美是由衷的。从中我们可以感受到满满的诚意，可以确定他是真心在感谢别人的帮助，也是真心在感谢这个时代。当然，他也经常真心地赞美身边人及同事们的所作所为，赞美这个时代给他提供了这么多的机会。

有人常会走进一个误区，那就是，在与人交谈的时候，总是怕被对方看扁了，从而不停地显示自己，夸耀自己有多么的优秀、曾取得过哪些傲人的成绩。他们一直陶醉在自己的世界里，从不去赞美对面那个听自己说话的人。以为这样对方就会认同自己，觉得自己厉害。殊不知，这往往是最坏的做法。

人们去沟通，目的是为了证实自我，是为了结交朋友，而不是为了寻找偶像的。如果处处显示自己，想要让对方崇拜自己，那么必然要失败。只有给对方以赞美，让他们觉得我们是欣赏他们的，才能拉近彼此之间的距离，让两个人的心走到一起。

由衷赞美别人不是虚伪，而是对他人的一种欣赏和认可。不过也要注意一个度，不要说得太过夸张，给人一种虚假感，如果那样，反而不如不去赞美了。大多事情都没有一个统一的标准，主要看的就是是否合适，只要是合适的，被掌控在度以内的，就是好的。

自己站在被批评者行列，忠言才不会逆耳

忠言大多是逆耳的，不过一个讲话的高手完全可以将话说得不逆耳，至少是不那么逆耳。想要做到这样，就要看技巧了。

一般来说，即使是可能让对方感到尴尬的道理，也是可以通过好的讲话方式表达得让对方不那么尴尬的。这其中最重要的一点就是一个姿态问题，不要觉得我们在某个问题上比对方高明或者对对方有好处，就什么都不顾及，以一种高高在上的姿态去教训别人。又或者是以一种否定的语气，告诉对方他们现在所做的事情毫无意义，他们之前的付出没有半点作用。这样的

做法，都是不妥的。虽然我们是好心，也确实对对方有帮助，但还是要讲究一些策略，让对方不那么排斥自己才好。

2011年9月10日，在第八届网商大会上，马云发表了主题演讲。其中就有关于“忠言”的部分，我们引用其中一段，看看马云是如何将“忠言”说得不刺耳的。

我们永远要知道，在生态体系里，打败我们的不是别人而是我们顽固的思想。不是对手灭了你，而是你自己灭了自己。要回归自己，不管你今天的企业多大，永远要知道你是谁，你凭什么你要什么你放弃什么，这些问题想不清楚是不行的。

在商场中，不是打败对手你就算赢了，因为对手太多了。这块土地要有生物多样性，我们必须让各类网商、各类竞争者在上面生长。竞争是让我完善，让我成长。我特喜欢竞争，一听见“竞争”我浑身快乐。竞争比的是什么？比的是如何比对手更加快乐地完善自己，如何让对手越来越恼火，越来越不爽。会战者不怒，会打架的人是不会生气的，生气的人一定不会打架。

学会和对手相处，才是最最厉害的。狮子去吃羊，绝不是因为它恨羊，而是它不得不吃。打败对手，绝不是因为我们有多么强大，而是对手顽固自封的思想，不愿意完善自己，使他失去了未来。所以我觉得，只有共赢，只有跟对手一起玩，活得好的才算赢。没有狮子，羚羊们也活不久，所以你不要去恨对手。

上面马云的一段讲话，也是在“规劝”、“教育”别人，但给人的感觉却很好，丝毫不会引起别人的不快和反感。

之所以这样，就在于马云很好地转换了角度。他没有以旁观者的角度去教训人，而是用“我们”的角度来表述，这样不会让对方尴尬，也不会让对方觉得自己不如人。

这种角度的转换，可以让对方感觉到，我们是跟他在一起的，是平等的，而不是以他的师长身份来教训他的，自然就更乐意接受了。

还有就是，马云并没有直陈大道理，而是举了例子来说明，这样更加生动。同时，对方也会以一种参与解读故事的身份来探寻道理，他们会觉得，自己明白的道理中，有一部分是我们传达给他的，还有一部分是他自己从故事中体会出来的。这样，他们虽然是在接受别人的帮助或者说教，但至少能够从中得到一点成就感。从而也就没有了失落和怨恨，因此，就不会觉得我们的忠言逆耳了。

凡事都讲究一个技巧，即使是忠言，也不一定就非要逆耳，只要说得好，忠言也是可以顺耳的，关键就看我们怎么去表达。

帮助朋友是一件愉快的事情，可是如果因为自己的表达技巧不足，在帮助的过程中让对方产生了一些反感，那就不愉快了，反而会产生很多不必要的麻烦。因此，一定要尝试着学会将忠言说得不逆耳的方法。

将思想融入演说，自然会魅力四射

一个人能说出什么，在于他的眼里有什么。那些每逢张嘴必惊人的人，是因为他们头脑清醒，能够看到别人看不到的地方。只有心里有，嘴上才能有。

因此，如果想要让自己变得更加智慧，让自己能够经常语出惊人，能够给别人指点迷津，就要不断充实自己，让自己有能够看到本质的能力。

只有胸有真才实学，才能口中言之有物。一个没有学识储备，不具备洞察本质能力的人，只能说些不痛不痒的空泛话。

马云在做客《对话》栏目时，就曾经很具智慧地答了主持人的一个问题，从中，我们可以看到马云的学识储备以及洞察本质的能力。

主持人：这绝对是一个精明的消费者，但是我发现她在网络世界里，她更在意的是价格，而非质量。

马云：90后小女孩很难骗。现在骗王健林这样的人物，骗他们这样的人很难，真正的如果我们看到这些年轻人，这才是中国内需的希望所在，老年人是没有内需的，成功的人是不花钱的。真正想成功的人才会花钱，中国最大的内需所在就是生活方式的变革，年轻人消费的变革。网上便宜，不是我们便宜，是传统商场太贵了。网上卖500块钱，传统商场卖5000块钱。商场500块变5000块，是地皮是地产，他们太黑，不是我们太便宜。今天中国的网购这么大，十亿件商品，一万亿的销售额，你去看广东，几年前去广东的时候，一年在广东或者在网上只卖了六七十亿，今年广东通过淘宝1月份到10月份1700亿。广东很多制造业企业，以前由于金融危机以后，他们加工的这种商品在国外没有订单了，这些工厂大量的生产能力直接经过网上销售，中国很多原来以出口为主的企业，都开始在网络上卖，消费者也高兴。

马云之所以能够将公司做得那么大，之所以经常语出惊人，就在于他能够看到事物的本质。从这段对话中可以看出，马云对自己的客户是非常了解的。他知道哪个群体是自己的用户，更知道这些用户有着怎样的消费习惯。因为了解这些，所以才能言之有物。

想要提升口才，首先要提升的是自己的修养和学识储备。人们常说，一个老师想要给学生一杯水，那么他自身就需要有一桶水。其实表达也是一样的，我们想要说出一杯水那般质量的话，心里也要有一桶水的储备。没有人能够表达自己内心没有的东西，我们能做到的只是将内心中的东西部分地表达出来。

因此，想要让自己更懂得表达，就要不断充实自己。要懂得观察社会，观察别人。就像马云一样，不仅在设计产品，更是在了解客户。只有通过对客户们的长时间的观察，才能掌握他们的消费模式以及消费习惯，这样才能制定出客户喜欢的产品以及销售模式。同时，也能够说出客户认同的话，从而让客户对自己放心。

再就是不停地学习，要持续不断地吸取新的知识和信息。了解马云的人都知道，马云是一个故事高手，他会讲故事，也记得很多典故。在跟别人沟通的时候，他总是能够适时地用一两个小故事来诠释自己的观点。不仅让听者觉得有趣，也更有说服力。故事是论证道理的最好材料，想要吸引别人，就要储备足够的故事，这样才能让我们显得更有内涵。

当然，最重要的还是理解力，只有理解力强的人，才能做到透过现象看本质，因此才能有针对性组织自己的语言。语言组织好了，自然能够达到想要的效果。

没有人能赢得了争论，点到即可

交流不仅是聊天，还可能有争论。一旦到了争论的时候，就更加考验一个人的说话能力了。如果讲不好，很可能就会得罪人。因此，跟人争论的时候，一定要克制自己的情绪，不要掉进情绪的旋涡，从而说些很过激的话。

其实，会得罪人的不仅是与别人的争论，在对其他人或事物进行评价的时候也可能会得罪人，从而给自己引来麻烦。

生活中有很多这样的问题。比如两个人聊天，说到对某人的看法的时候，如果表达不妥帖，而谈话内容被传了出去，就容易得罪那个被评价者。遇到这种问题的时候，一定要慎言，不要无端给自己惹麻烦。

马云在做客专访《马云与80后面对面》时，就遇到过类似的问题，我们来看看马云是如何回答的。

观众：很久很久以前，好像也不是很久以前，您对当年QQ大战360有何看法？以及您对拍拍网有何看法？谢谢！

王利芬：这个问题好像很有期待似的？

马云：对。我从来没回答过这个问题。我觉得这场竞争也好，冲突也好，都是互联网发展到今天一定要碰上的，不是QQ、360就是其他公司互相对垒。

社会给了我们互联网公司巨大的信任、巨大的资源，我们今天不能动用客户的利益去展开竞争，我没有做过评论。互联网应该是想办法促进社会的发展，沟通和交流。我也竞争过，我希望竞争是这样，森林里面的竞争狮子吃羊，绝不是因为它恨羊而是它需要发展。

昨天我说北京城里最早的黄包车要被取代了，所有的黄包车去砸汽车是砸不光的，因为它要取代你。我们要反思，但是我们感兴趣我们从中学到了什么？反思了什么？我看到的是昨天马化腾讲了他们会更加反思、更加开放，这是这场冲突给我们带来的好处。我不想多做评论，我觉得很遗憾但又不可避免，我们都在学习中进步。从这一场以后，再也没有互联网公司敢拿客户的利益去展开竞争了，这个时代过去了，我为这个坏事带来的好事感到骄傲。

评论同行，从来都是考验智慧的。有很多人，一旦遇到这样的问题，便收不住嘴，会大说特说同行的缺点和毛病。这样就是不好的，人非圣贤，孰能无过？一个总是说人过错的人，多半不会招人喜欢，原因就是他们太过刻薄了。

但是，很多时候这类问题又是不得不去面对的。就像马云遇到的这个问题，就很棘手。如果为了避免引起争议话题，而两边各自夸奖几句也是不行的，因为这不算是回答。但马云很聪明，他没有说谁对谁错，也没有说自己更倾向于哪一方，而是从发展的角度，告诉大家这类事情是不可避免的。而之后大谈科技公司碰撞的好处。这样，既给人回答了问题的感觉，又不会让别人，尤其是被评价者不舒服。这就是一种回答的智慧了。

直言是好的，我们说话就要真实，不要拐弯抹角，但这里也有一个限定，那就是不能给自己惹麻烦，也不要给别人以伤害。如果是给自己惹麻烦，或者会给别人带来伤害的直言，那么宁可不说。

不管是跟人交谈也好，还是回答别人提出的问题也好，怎么应对都是很有讲究的，也很考验一个人的智慧。我们在回答之前，一定要思考清楚，我们说出的话是否真正回答了对方的问题，至少是他们是否会觉得我们回答了他的提问。如果是肯定的，那么就可以准备回答了。还有就是，要思考这番话说出去之后，会给我们带来哪些后果，以及是否会对无关的人造成伤害，如果都没有，那么就可以说出口了。

很多时候，提问者和被提问者所处角度不一样，看待同一句话时，理解也就不一样。一定不要说那些有可能会造成误解的话，否则那才是真的冤枉。如果我们说的是自己想说的，那么虽然有人会不快也无大碍，至少我们表达了自己。可是如果我们本来不是那个意思，却由于表达不到位，而让听者以为是那个意思，对我们产生了看法，那就太不划算了。

说话是最容易的，每个人都会，但说话也是最不容易的，很少有人能说好。多向那些讲话高手学习，慢慢锻炼自己，自然会有提高。

随时“秀”出自己的专业与热情

有人光说不做，有人光做不说，这些都是不好的。要做，也要说。做要踏实地去做，说则要老老实实地说。

光说不做的人常给人虚华不实感，会让人觉得就是一个华而不实的人，只知道用嘴去欺骗人，没有任何实在的地方。而光做不说的人，则给人木讷感，就像一头老黄牛一样，虽然让人觉得稳重、可靠，但多半时候难以让人看到他的真正价值。

只有老老实实去做，然后将自己做过的坦然说出来，才能让人觉得这个人既可靠又有才华，毕竟酒香也怕巷子深，如果将自己的成绩憋在肚子里，那么谁又能知道，然后去欣赏我们呢？

马云就是一个既懂得做也懂得说的人。他很努力，也很勤奋，更懂得表达自己的努力和勤奋，所以马云才有那么多的支持者。因为大家既看到了他的付出，也看到了他的才华。马云的另一个本事，便是能用自己的语言将这些付出和才华很好地体现出来。下面是马云在阿里巴巴杭州大会上的一段讲话，从中我们可以看出马云的语言表达能力有多强。

其实我觉得这两年互联网的发展速度是非常令人惊奇的。我最近在看一些情况，六年以前阿里巴巴专注在中国做电子商务，那时，很少有人认为中国电子商务会发展起来，但我们没有放弃过。尤其这两个月内互联网发展的巨大的变化，比如说Ebay购买SKYBE。前年，我们推出淘宝的时候，觉得自己跟Ebay的竞争还是有难度的。但是没有想到经过两年的发展，第一是所有员工的努力，第二是中国所有互联网市场的成熟，第三是整个大势的发展，世界对中国的关注越来越多，使我们两年做到了以往八年十年都没有做到的事情。

高速的发展使得全世界关注现在的电子商务，我相信未来的互联网在整个中国三五年内的角逐一定是电子商务的角逐，而我们今天看到的一切，如Ebay进入SKYBE，Google进入TALK，QQ进入了拍拍网，百度和Google在搜索引擎上的投入等，我相信三年到五年内所有的人都将进入我们的领地即电子商务。

阿里巴巴在电子商务方面，我们觉得自己有一些优势是先发优势。我们走了六年，六年我们坚持客户第一，坚持我们的团队，坚持我们的价值观、使命感，六年来我们没有建立强大的竞争壁垒。

无论阿里巴巴、淘宝还是支付宝，在客户上我们都做了很大的努力，但在技术上是否能够真正达到世界一流还是未知，因为未来三五年我认为还有一个竞争，是技术上的竞争。

上面是马云的一段讲话。在这段话中，他概括地将自己公司所做的事情说了出来，让人们知道，阿里巴巴之所以成功，不仅在于他们生在一个好的时代，不仅在于他们遇到了更多的机会，还在于他们自身的努力和奋斗。这样一来，人们对阿里巴巴就有了一个全面的认识，也会通过这个认识，更加喜欢和尊重阿里巴巴。

这就是既说又做的作用了。因此，在跟人聊天的时候，不仅要聊理想，还要聊聊自己的付出。尤其是跟领导或者同事聊天的时候，要多给人讲讲自己都干了什么，或者通过哪些努力才完成了自己的工作。这样领导和同事们才能知道我们为工作付出了多少，从而才会欣赏和认同我们。如果我们不去说，别人又不会主动关注我们，那么我们的付出也便没有意义了。

当然，不管说什么，都会涉及另外一个问题，就是怎么说的问题。就像跟领导和同事讲述自己的付出一样，不要说得太过明显，那样就给人一种邀功感了，反而不美。在讲述的时候，一定要自然，不要太过突兀。只要不给人炫耀感就行了。

表达，从来都不是一件简单的事，表面看起来，就是跟谁说、说什么、怎么说，三个关键词，可是想要真正将表达做好，其实非常困难。这些都要靠我们去努力、去钻研，等到真正掌握了更多的表达技巧，我们也便可以依靠自己的口才获得别人的认同，从而给自己加分了。

第4章

“怎样说”比“说什么”更重要

像马云一样“布道”，让你拥有追随者

马云，最有风度的“说话者”

真正能看透一个人的内心所想，不是他如何对待自己的朋友，而是他如何对待自己的敌人。一个对待自己朋友好的人，未必就真是好人。只有尊重对手，理解对手的人，才是真正的好人。其实说话也一样，看待一个人不要看他对朋友做了哪些承诺，而是要看他对其对手做过哪些诅咒。那些整天都在诅咒自己对手的人，多半不是成功者。

不管做什么事情，随意些就好，在做事上，在说话上，不要太过纠结，也不要有太多的情绪。随意一些，洒脱一些，会赢得更多人的尊重。马云在第二次做客《对话》栏目时的亮相，就很好地诠释了这一点。

> 主持人：欢迎马云，欢迎。我记得上一次你在《对话》现场说过自己挺喜欢金庸小说，喜欢风清扬，一个人一旦成为武林高手，围绕在他周边的人就会很多，这些人你可以分成两类，一类是朋友，一类是敌人。你努力打造这样的基础，未必每个人都领情。刘强东抱怨支付宝太贵了，每年要支付支付宝的费率，要多支付500万到600万元。京东对支付宝还没到离开不行的地步，因为目前在线支付，在京东商城的用户，支付所占的比例并不高，只有10%，即使停掉，影响也不大。他还真不是说说而已，还真的给停了。就在去年

的5月份，他就停掉了支付宝，我觉得可能你希望他是生态链当中的一员，但是从这样的举动当中我们外人判断，他好像把你当成了对手。

马云：天下把我当对手的人多了去了，他觉得贵了，他觉得不合适，他就离开自己建。其实这样挺好，只要他觉得比我建得更好，他觉得效率更高，当然得支持他。至于到底是不是这么贵，是不是费用更高，他心里应该更清楚。你应该问他到底是贵在哪里，对吧？关于对手，我是这么看待。其实一个公司最有乐趣的事是你的客户成长了，你的对手也变聪明了，也在成长。一个拳师只有在他碰到另外一个顶尖高手的时候，大家才能互相成长，所以我觉得你要欣赏地看对手。我觉得以前，我刚创业的时候跟大家也一样，觉得对手都是针对我来的。我今天跟以前有了差异，是因为四五年以前我们想明白一个道理，即要用欣赏的眼光看对手。你看这个东西不错，得学习，他一生气，就输了，这就是你跟对手竞争的过程，最主要就是让对手心情变糟糕。

从这段对话中，可以看出马云是一个极淡然的人，这份淡然传达出的是一种从容、自信的处世态度。这也是很多人喜欢马云的原因。因为他足够自信，足够洒脱，也足够淡然。

我们面对对手的时候把情绪放一放，用一种淡然的态度去面对，不仅能够缓解彼此对抗的情绪，还能给旁观者一个好的印象。最坏的做法便是鄙视甚至诅咒自己的对手，那样便是将自己的格局弄没了。没人会喜欢一个没有格局的人，就像没有人会喜欢一个吝啬到了极致的人一样。

在面对荣誉的时候也是如此，不要一副欣喜若狂状，也不要急急忙忙向周围人展示自己的成果。淡然一点，我们取得的荣誉别人自然是能看到的，如果他们已经看到了，我们依然去大张旗鼓地告诉他，那么只会让那人更加反感，反而于我们无益。

把心放淡，不要太过情绪化。不管面对什么事情，都泰然处之，自然能够得到更多人的认可。

“怎样说”比“说什么”更重要

孟子说，人之患在好为人师。这确实是很多人的通病。我们总是觉得自己是优秀的，可以完成很多事情，因此愿意到处发表自己的意见，而当别人没有听从的时候，便会觉得那人蠢笨，或者觉得对方并没有将我们看在眼里。其实，这是不对的。试着换位思考一下，我们自己是否喜欢那种指指点点的人便能明白个中道理了。

一个真正成熟的人，是不到处发表见解，不到处炫耀自己比别人更聪明、更强的人。成熟的意义不仅在于成长，更在于管住我们自己的嘴。不该说的话不要说，说话的时候要尽量考虑到别人的感受。

可是，很多时候即使我们不想说，别人也会问我们，要求我们给予指导。这时候，如何回答也是有学问的。不要因为别人主动来问我们便觉得自己高高在上，因为，别人问的未必就是我们懂得的。因此，如果自己不知道的时候，也不要乱说。最好的回答方式，便是只说自己懂得的那一部分，而不要对自己没有涉猎的东西信口开河。

在这一点上，马云做得就很好。很多人都觉得马云能给人口才好、有深度的印象是他有洞见，这自然是不差的。不过并不是全部，马云能做到那么受欢迎还在于他对自己有一个清晰的定位，更重要的是能管住自己的嘴，不说空话，不对自己不明白的领域乱发言。

在做客《对话》时，马云回答观众提出的一个问题，是马云在这方面表现的一个最好注解。

赵鹏：在本地生活变成一个新的电子商务浪潮的过程中，您希望也有很多小而美的企业出来，我们也希望成为其中一个也许小而美或者中而美，您能否提个建议，就是千万别干什么？

马云：这是一个应该慎重对待的问题，你刚才讲这个事的时候，我在回忆2003年、2004年、2005年我在做互联网的时候，那时候我其实就记住一样东西，就是帮我的客户赚钱。淘宝2003年成立，2004年成立我没想过，打败Ebay只是乐趣而已，就是在特别痛苦的时候，找一个对手，搞一个人折腾一下他，我真没想到可以把它真捅翻掉，我也没想真去捅翻它，纯粹是它要打我的时候，我给它乐了一乐。但是心里面永远不会改变一样，那就是，只有淘宝的小卖家挣钱了，我们才有活下来的可能。本地生活的原则就是这样，让那些喜欢吃喝玩乐并希望在你这里找到能够提供服务的人，让他们真正知道有你和没有你是有区别的。你要全心全意帮他们成功，这个时间越长，你就越有机会。千万不要做的事情是，不要去证明你的模式是对的。因为你今天对的模式三年以后可能是错的。你只需证明一点，我想帮我的客户成长，这一定是对的。

马云是行业内的老大，但他并没有以一个前辈的身份去回答这个问题。这就是低调，而这种低调的背后则是严谨。

通过上面一段话可以看出，马云一直在用自己的经历说事。这种态度就是好的。很多时候，即使跟我们的专业离得很近，也未必就是我们所掌握的。我们自认为的懂，很可能是一厢情愿的认为罢了。这时候，就要管住自己的嘴，在不懂的领域尽量少发言。如果非要说，那么就结合自己的经历，说些自己曾经历过的，真正懂得的。

要知道，对不懂的事情不发言不丢人，对不懂的事情乱发言才真正丢人。像马云，本身是互联网商业的大佬，一样不去说自己经历之外的事情，才是正确的态度。

我们给别人指导或者给别人建议，是为了帮助那人，同时也是为了展现自我。如果在不懂的领域胡乱发言，那么就不是展现自我了，而是自暴其短。这是最不明智的做法。

说自己该说的话，更要说自己能说的话，同时也要说自己懂得的话。人最忌讳的是觉得自己无所不能，觉得自己在哪个领域都有很深刻的理解。那样的天才或许有，但未必就是我们。因此，还是低调些好，用自己的经历说事，不仅给人一种诚恳感，而且也能够给人以帮助。说些空话，只会让别人更加讨厌我们。

世上没有完人，更没有先知，每个人都有自己的局限，承认这局限并不丢人，不承认这局限，用无知去卖弄才是真正的丢人。

当别人向我们请教的时候，一定要低调，不懂的不说，懂的慎重说。这样才不会破坏自己的形象，才不会让人讨厌我们。

永远不要讲出抱怨的内容

人总会遇到这样那样的麻烦，有的是事业上的挫折，有的是生活上的不顺，有的是自己构想出来的根本不存在的烦恼。面对这些，我们的心情可能会受到影响。有的人就会将之表达出来，四处跟人言说，寻找安慰。有的人则是放在心底，谁也不告诉，一点点自己舔舐着伤口，让它慢慢愈合。而有的人则非常豁达，将之当成是自己必须要经历的磨难，笑着去面对。

第一种人，更像是祥林嫂类型的人，喋喋不休，自以为是在向别人表达不顺，期望的是同情，但收获的则是一个唠叨的名声和一大堆怪异的眼神。第二种则是沉默型的人，不表达，总是一个人沉闷地待着，即使身处人群中也没有半句言语，丝毫没有存在感。人们会觉得这样的人太过压抑，而不愿与之接近。只有最后一种人的做法才是可取的，他们会传达一种积极向上的人生观，会给别人带来快乐和正能量。这样的人，自然能够获得更多人的认可。

马云就是第三种人。他是一个充满了激情的人，也是一个不在乎所谓挫折的人。听马云讲话，能听到的不仅有经历和智慧，还有一种态度、一种能量。这些，才是马云真正能够有那么大影响力的原因，他总能给人力量。马云在一次讲话中说：

> 创业的时候，我的同事可能流过泪，我的朋友可能流过泪，但我没有，因为流泪没有用。
>
> 如果你在创业第一天就说，我是来享受痛苦的，那么你就会变得很开心。我1992年做销售的时候，我说创业中乐观主义很重要，

销售10次，10次为零，出去以后，果然是零，说得真对，要奖励一下自己。

商业不外乎智慧、希望及勇气，这些都是经商的必要技巧。遇到问题时，我习惯用左手温暖右手。要不断告诉自己，没关系，我还是我，我还在学习成长，一切都会好的，至少我还活着。

上面这段话，便是马云能带给人力量的最好注解。这是一段带有力量的言说，身处逆境的人听了会打起精神来，身处顺境的人听了，会更加相信自己。

我们生活中，就是要多说这种话。让自己平时说话时多带一些正能量的东西，多传递一些乐观向上的思想。这样别人会觉得我们给了他们力量，从而更加愿意接近我们。同时，我们也能够变得更加快乐。

不要总是去抱怨，更不要对着别人抱怨命运对自己的不公。这世上，除了我们最亲、最近的人之外，少有人会对我们曾经遭遇过什么感兴趣。他们听我们讲，是想要得到，如果我们传递出的是一种失落感，他们就会厌烦，如果我们传递出的是一种正能量，他们则会觉得开心。

让人开心总比让人烦更好。因此，在自己的言说中加一些正能量，让它给人带来更多的温暖，才是我们应该追求的方向。

而想要做到这些，首先靠的就是自我调节。需要先让自己成为一个快乐的人，这样才能够向别人传递快乐。需要先让自己的生命充满正能量，这样才能给别人以正能量。就像马云一样，他之所以能够随时随地说出有正能量的话来，在于他是一个积极向上、浑身充满了正能量的人。

因此，要放开自己的心，不要被挫折打倒。当挫折到来的时候，直接面对它就好了，没必要觉得害怕。如果我们被挫折吓倒了，那么必然会成为一个丝毫没有正能量的人。这时候，我们不仅无法依靠自己寻找解脱之路，反而会因为太过消沉，而让人群不愿意接受我们，从而失去从外界获得力量的机会。这就是消极的坏处了。

让自己成为一个积极的人，同时给别人传达积极的生活态度，才能让我们成为一个受欢迎的人。不要将孤独视作一种美好，要知道，只有身处人群中、被人群拥戴，才是真正有意义的、真正能让人快乐的人。

说话诚挚自然，效果非凡

很多人都追求高调，希望能够得到别人的青睐和认同，甚至是希望得到别人的崇拜。不过，在实施的过程中，却往往走错了方向，他们觉得，想要让别人认同或者崇拜，就要有高调的言辞。于是，不管什么场合都夸夸其谈，不管走到哪里，都吹嘘自己。然而，这些人却不知道，他这么做不仅无法让自己得到别人的认同，反而会让别人讨厌他。

一个真正懂得用语言征服别人的人，他的话一定是朴实的。真正的讲话高手，从来都是用最普通、最简单的话来讲述最深刻、最高调的道理。只有这样，才能打动人心。

马云在人们的眼中一直都是一个高调的人，他事业有成，他野心勃勃，他有超凡脱俗的智慧和口才。但是，我们仔细观察马云的说话方式就能发现，他之所以能够用自己的话语感染别人，不在于言语多么高调，不在于时刻推销自己，而在于用最普通，但也最真挚的语言跟别人沟通。

当讲到“伟大”的时候，马云说：

> 伟大和不伟大之间的区别是什么？一个伟大的人，对每个人来讲最痛苦的时候，大家都要死的时候，他再往前挺一步，人家倒下去，他还站在那儿。大部分人说我这么富，这么有钱了，转弯了，只有这个人说我还往前挺一步，往前挺一步的那个人就是伟大的人。

他没有用一大堆排比句来表述伟大，也没有说些空洞无味的话，只是做了一个简单的对比，但却给人一种力量感。这就是平实的力量。

伟大的言说者可能是过人的，有非凡智慧和成就的，但坐在下面的听众却都是普通人。因此，一个真正能成就自己的伟大的人，一定是用普通的语言打动普通听众的人。

他们的嘴里，有的是普通人最感兴趣的话题，讲述的是普通人最感兴趣的道理。下面是马云一次演讲中的一部分：

> 抱怨一点用都没有，我觉得阿里巴巴能有今天，正是因为几年以前我们提出的一个口号。当时，我说得非常强硬：你别抱怨，如果你抱怨就拿出行动来，拿出方案来。因为谁都会抱怨，所以我们不需要抱怨。我越来越感受到阿里能有今天是因为我们的人感恩。我觉得自己怀有感恩之心的。我这一辈子是几世修来的福气才这么荣幸地和这么多人一起共事，我很荣幸生在这个时代。
>
> 我坚信这一点，阿里巴巴的成功和马云没有关系，不是我的功劳。我没有写过一行代码，没有做成一个销售客户，这些都是同事做的。但是，如果阿里巴巴做得不对，一定是我的错，因为我在关键的时候没有坚持原则，我没有坚持理想，那么下面的人就会放得

更远。所以事实上成功可能跟我没关系，但是失败跟我是一定有关系的！中国电子商务做得不好跟阿里巴巴一定有关系，因为你已经拥有了70%的优秀的年轻人相信电子商务，但中国电子商务做得好跟阿里巴巴没有关系。所以，一切要以平常心来看待。我们这辈子有机会面临这种灾难，有机会面临这种挑战，有机会碰到这样的竞争对手，有机会碰到这样那样可以抱怨的事已经是非常好了，因为可能其他人连机会都没有。

由上面这两段话，可见马云是一个有着平常心的人，至少他在演讲中是一直在述说平常心的。正是这种平民的心境，才能得到普通听众的认可，才能打动台下普通人的心，也才有马云的受追捧。

我们所面对的都是些普通人，他们最感兴趣的常是家长里短的闲话。因此在跟人沟通的时候，往往是这些闲话，更能让我们走进对方的心里。总是讲述些大道理，反而给人一种空洞无味之感，让本来可以很有趣的谈话变成尴尬的不知所云的聚会。

口服不如心服，巧辩不如攻心

人都有两个形象，一个是我们认为的，一个是别人看到的。很多人常将这两个形象混淆。觉得我们自认为的就是别人看到的，其实不然。

很多人觉得夸夸其谈才能展现自己的魅力，于是便开始追求夸夸其谈的形象，觉得这样很潇洒。但很多时候梦想与现实并不统一，我们觉得自己的夸夸其谈是潇洒的表现，别人很可能觉得我们华而不实，是一个空谈大过实际行动的人。虽然他们嘴上可能会夸奖我们，但实际心理对我们是不以为然的。我们要的应该是别人发自内心的认可，而不是嘴上的敷衍。要懂得攻心，而不是靠高调的姿态赢得别人口头上的承认。

想要做到这些，就要懂得承认自己的不足。表现在言谈举止上，就是要放低姿态，给人一种平易近人之感。当然，更重要的是，说话的时候不要太多空谈，也不要太过凸显自己。跟人聊天或回答问题时，不要以一种争辩的态度去说话，而要以一种攻心的说服态度去讲。这样，我们便能获得更多人的认可了。

马云是此中高手，他总是能够靠自己的言语让别人发自内心地去认同他。我们先来看看马云在做客《对话》节目时，是如何回答观众的提问的。

吕本富：今天因为跟马总交流这么长时间，马总好像今天气场有点改变，从那个企业的经营者向教父转变，太极练得也不错，也会玩大刀，刘强东还处于只会玩大刀的阶段，他就还没练过太极。

主持人：这有点武林外传的感觉，现在。

马云：我觉得我挺喜欢看《教父》这部电影的，教父没有好下场。但是有一点是真的，即第一份工作会影响你后面一辈子的很多工作。我第一份工作是当老师，当班主任，所以我形成我讲话的风格和思想作风，要是在老外公司里，见了我这样的CEO早就觉得我太粗鲁，老是手指头点着讲，其实我没有这个意思，我只是觉得应该是这样。为什么大家可能觉得我像教父？其实我不想当教父，我只是一个创业者，为什么《赢在中国》我去？因为这批小孩在想什么坏主意，当年做的我都犯过，因为我们都一样，只是我吃过苦了，就想告诉你，兄弟别往那儿去了。但是奇怪的是，我说了也白说，有些人还是会继续走下去。我也一样，多少前辈告诉我：马云，这样做要死的，我爸也跟我讲了一大堆，我照样走一遍，人都一样。几千年来人类的知识积累很多，但智慧并没有增加多少。

马云的这段话说得很清楚，它算是一种解释，也是一段自我分析。从中可以看出，马云是很清醒的，他知道自己在别人眼里是什么人，也懂得自己真正是一个什么样的人。正因为此，他才能说出那般话来。

这就是马云比一般人高明的地方。很多人也有马云式的认识，知道自己想要给别人的印象和别人真正感受到的印象是不一样的，但却不愿承认，也不太敢承认。那样反而不好，会给我们带来很多麻烦，对我们自身的影响也不好。

每个人都有缺点，都有不足，也都有一些未必很好，但我们很难改掉的习惯。勇于承认就好了，告诉对方，我为什么会这样。这种实话实说，只会给我们加分，而不会让我们的形象遭受损失。

人在谈起自己的时候，是最容易犯错的。原因如前面所说，我们自认为的跟别人感受到的往往不同。这时候，不妨学习下马云，从两个角度来看待自己。分析下自己为什么会有某些习惯，同时换个角度思考一下，看看别人对我们的这种习惯会产生哪些看法。这样才能还原出一个真实的自己，然后将这个真实的自己展现在众人的面前。这才是给自己加分的行为。

如果一味沉溺于我们所认为的自己当中，处处、时时以这个为标榜，那么只能给人一种矛盾的形象。那是对我们不利的。

一个真正成熟的人，不仅是认识别人的，更是认识自己的。当然，更重要的是，表达出这个真正的自己，告诉别人我们真正是什么样的人，而不是夸夸其谈我们想要成为什么样的人。前者是攻心的做法，后者，仅能获得别人口头上的认可。

遵循本性去生活，遵循本心去说话

很多人都会为了给别人更好的印象从而刻意去掩饰自己身上的一些特点。这样的人，总是按照别人的眼光来打扮自己，让自己尽量符合别人的预期。他们说话也是如此，总是爱说些别人愿意听的。其实，这大可不必。

世上没有完全相同的两片叶子，也不存在完全一样的两个人。即使是长相一样的双胞胎，性格上多少也会有些差异的。每个人来到世上，都是为了做独一无二的自己的，因此将自己做好，说自己想说的话就好了，没必要去为了取悦别人而故意将自我隐藏起来。

有人觉得，这种隐藏自我的方式是一种成熟，其实是不对的。那不是成熟，那是世故，一个世故的人多半是不快乐，也不讨喜的。做人，真实、随性最好。

马云就是一个随性的人，大家都觉得，马云是一个著名的企业家，是中国首富，那么他平时的生活一定是奢华的，其实不然。马云有一次在采访中曾经透露自己，他身上穿的衣服并不是什么名牌，而是自己做的，鞋则是在淘宝上买的，也没多少钱。这份随性，便是马云的习惯。马云在说话的时候也是一样，想到什么就说什么，不会去刻意隐藏自己。

在一次访谈中，马云就回答过类似的问题。

> 同学：我的问题是我本身是个比较直率的人，但是随着人年龄的增长或者人际交往的加强，逐渐有人要求你变得圆滑世故，你到底是遵从自己的本性还是跟随社会主流大众给你的价值观走？
>
> 马云：第一，这两个事别对立起来，你自己坚持的东西未必是对的也未必是错的，社会大众也未必是对也未必是错。对你来讲，选择这个还是选择那个的时候，你选择正确的事情。
>
> 对我来讲也一样，我觉得社会在不断地变革，你也要不断顺应这个社会。请问自己：有我在和没有我在有什么区别，我对社会有什么贡献？对周围的人有什么贡献？对企业有什么价值？对我开的小店有什么价值？这是你要思考的问题。

通过马云的回答，可以发现他是一个随性的人，不仅性格上如此，语言表达上也一样，基本是想到什么就说什么。而正是这一特点，让很多人喜欢上了马云。

要懂得，我之所以为我，在于有不同于别人的地方。也就是能证明我的存在的，我们跟别人不一样的地方，这些就是我们的个性，是一定要表达出去的东西。不要因为害怕别人的品评就不敢去个性表达，而总是说些不痛不痒的话。要知道，我们觉得这样说别人会满意，但他们却并不一定这样以为。所以，与其冒着两个人都不满意的风险去说些客套话，倒不如说些自己想说的，先让自己满意。而且只要我们说得真实，对方肯定也会感受到我们的诚意，反而增大了两个人都满意的概率。

讲话要真实，要随性，要说出自我来。不要前怕狼后怕虎，总是考虑别人的意见。很多时候，别人是没有意见的，他们的所谓“意见”更多时候是我们凭空臆测出来的。

一个懂得讲话的人，就是要说出自己来，讲出自己与别人的不同，就是吸引别人最好的方式，讲述出一个真实的自我，就是获得别人认同的最好方式。

不要掩饰自己，要直抒胸臆。所谓真实的话，并不一定是说出真理，更多的时候，是说出自己当时的所思所想。

把坚持和真诚带入言谈中

如今是一个盛产流行语的时代，其中有一个就是接地气。所谓接地气就是不空洞，有内容。在语言表达方面，指的就是说话比较亲切，能让人有认同感和代入感，而不是说那种大而无当的话。不管是与陌生人还是与熟人交流，不管是两个人的对话还是在公共场合的演讲，宏大叙事都是要不得的。那种大而无当的空洞言语，只能让听者觉得厌烦，一点也无法体现出言说者的高大。

言语亲切，不仅在于语气上，更在于言说的内容。要懂得站在普通人的角度讲话，要讲些普通人比较感兴趣的话题。这样，就可以让两个人瞬间拉近心理距离，可以给人一种亲切感。

关于如何才能做到这点，马云的行为很值得我们学习。马云是一个商业精英，是著名的企业家，但他从不忘初心。在一次访谈中，他曾说：

我觉得我今天比十几年前的我能干了很多，我的团队也比当年的我们强大很多，重走路一定走不出来，感恩和敬畏是真心。假如没有机会我们做不到今天，没有机会，再走一次一定死。人的最后境界是做自己。我想干嘛干嘛，只要不去伤害别人。我当班主任的时候最快乐的就是我跟同学的感情，今天也一样。前一段时间他们刚好校庆回来看我，我也特别高兴。今天我跟我同事的感觉也像当年一样。我的很多同事我曾批评他们，开除他们，我把他调岗，他可以恨我，就像我当班主任的时候，我可以罚他，他可以恨我，我知道10年以后，因为我的出发点我不会后悔。

由这段话可以看出马云的心路历程，他一直将自己放得很低。虽然有狂言傲语，但从来没真正觉得自己凌驾于别人之上过。正因为马云觉得自己的成功跟机遇有很大的关系，所以他才能保持初心。这份初心，让马云说起话来一直比较接地气，给人一种非常亲切的感觉。这便是马云亲和力的来源。

荆林波(信息服务与电子商务研究室主任)：马总，过去十多年，我们一直关注你。我隐隐约约有一种担心，就是社会上乃至你们集团内部慢慢在膨胀的一种对你的过度崇拜，刚才大家听到这个现场一代宗师这种大的帽子扣下来，我们真的担心，幸好你还清醒。

马云：我觉得我就是我，这十多年来我经历了人生可能常人没有这种福气去经历的各种各样的痛苦、烦恼、快乐，我知道我从哪里来，我就是一个普普通通家庭的孩子，只要证明马云成功，中国80%的年轻人都能成功，这是我当初创业的一个原因。今天也一样，别人看我，其实我知道他们看的不是我，是他们想象中的马云。我不敢说我清醒，但我知道我自己是谁。我知道我做了什么，我没做什么，我点燃了我的同事心里面的几盏灯，而且是巧合中点燃，这些同事共同点燃了700万家卖家的灯，形成了这个事，点了一下而已。我自己觉得，别人点也会亮，我只是运气比较好。所以今天我在想的问题是，我还能够点什么灯！我觉得中国经济在继续成长，未来三年到五年，我希望它能够放慢了，我们今天的脚步速度超越了我们的灵魂。我们走得越快，我们付出的代价越多，你不知道自己是谁，不知道昨天的经历，未来走到哪儿只会是越来越大的灾难，我们这个时代是缺乏信仰的时代，信就是感恩，仰就是敬畏。

知道自己是谁是一句很简单的话，但真正能做到这点的却不多。很多人成就没见多大，但架子却长了不少，总是一副高高在上的样子，说出来的话也多半空洞无味，一味寻求宏大。这样的人，即使说得再多，也不会得到别人的认可，反而会让人觉得讨厌。

不管我们面对的是谁，总是要放下身段来，以真实和亲切为原则交谈才好，也只有这样的交谈才有意义。真正决定一个人地位的是别人对他的评价，而不是他自己吹嘘出来的东西。一味夸赞自己，不仅不能得到别人良好的评价，反而会让自己在别人那里丢了形象。

因此，还是低调些好，保持一颗初心，跟人亲切地交谈。切不可把自己弄成一副不食人间烟火的样子。

剥茧抽丝，让对方慢慢接受

马云是一个武侠迷，他特别喜欢金庸先生的小说，尤其推崇《笑傲江湖》，在一次回答观众提问时，他说道：

> 我在金庸小说里最喜欢的人物是风清扬，我的笔名曾经用过，我们公司内部很多用化名，我的化名就是风清扬。风清扬我喜欢他有两个原因，第一他是老师，自己不愿出来但他培养了令狐冲。第二他是无招胜有招，他是基本上打穿了整个的剑法，我觉得特别好，无招胜有招，无招本来就是招，最后一招无招那就是招。
>
> 在公司里面我是这么觉得，我前天在飞机上还在看《射雕英雄传》，我觉得挺舒服的，累的时候看看这些东西心里特别愉快。我现在喜欢的是太极拳，我觉得中国的文化，最强大的文化在于太极阴阳变化，很多老外专门研究我的所谓打法。前几年，我所有的商业的东西，他们说你早上讲的话晚上就会在我办公桌上。我说我自己也没搞清楚，你也别研究了。现在我慢慢觉得，其实我是从中国的太极哲学思想中，用这种哲学思想来阐述企业，所以我觉得挺快乐的。

从这两段话中，可以看出马云的性格。他喜欢无招胜有招，所谓无招胜有招，便是朴实、随性的另一种表达。没有固定的套路，想到哪里便打到哪里，这还不够随性吗？

而由喜欢武侠到爱上太极拳，更是马云这种朴素和随性的证明。太极拳讲究阴阳调和，是一种以静制动的拳法。在别人攻过来的时候，可以保持安静，没有一颗强大而淡定的心，是肯定办不到的。而这样的人，自然是随性的人。

随性的人是招人喜欢的，他们不做作、不刻板，跟这样的人交往，会让人感到轻松，有一种由内而外的自在。

马云的这种性格，也被他带到了讲话当中。听马云演讲，就像跟一个随性的人聊天一样，会觉得亲切、柔和，没有半点的距离感。在一次访谈中，马云曾这样回答提问的观众：

> 我选择的核心团队，其实就像我选择员工、员工选择我一样。我选择什么样的员工？我选择平凡的人。什么是平凡的人？就是没把自己当精英的人。我不喜欢那些精英，精英眼睛都长在这儿（指额头）。我不喜欢那些把自己看得很聪明的人。有的人说我智商特高，一般说自己智商高的人情商都低。这个世界没有一个人可以单独做成事，你离得开谁？边上很多人在帮你。
>
> 我要找的员工是平凡的人。什么是平凡的人？有平凡的梦想。什么是平凡的梦想？不是为社会主义奋斗终生、改变全人类。平凡的梦想就是我买房、买车，我要娶老婆，我要生孩子，这是人最基本的梦想。这些梦想真实，为自己所干，我觉得这样的员工我喜欢，实在！
>
> 我们18个人，包括我在内，没有说我们特别出息特别能干，我们都是平凡的人。平凡的人在一起做一件不平凡的事。什么是伟大的事？就是无数次平凡、重复、单调、枯燥地做同一件事情，就会做成伟大的事情。

我怎样培养他们？是互相的。他们培养了我，我跟他们一起共事我觉得毕生荣幸，能够跟他们共事是因为他们信任我。公司里最大的资源就是信任，你跟你的团队是不是互相信任？

我怎么留住他们？我从来没留过他们。阿里巴巴10年以来22000名员工，离开的也有10000名左右了，我一下子记不清楚，我从没留过任何人。

我最怕：“马云你太厉害了”，“我加入是因为你”，千万别。这种人我最怕。像我们这样的远看还可以，近看一个钱都不值。书上说的马云都特好，真实的马云不是这样的。我讲话特残酷，特别直截了当。

从这几段话中便可看出，马云确实是一个随性的人，讲话的时候也带着这种性格。他在传达自己的理念时，娓娓道来，一点也不会给人以高高在上的感觉。他总是能用最平民化的语言表达出最深刻、最精辟的道理来。如果没有一个随性的个性，是不可能办到的。

人与人的交谈，谈的是理念，更是心。这世上不存在只接受一个人的理念但不接受这个人的事情。不管是跟谁交流，只有他接受了你，才会考虑你的理念。而用随性的、平民化的方式表达自己的思想，正是获得别人接受的最好方式。

就像马云一样，他是成功者，但却给人一种平民感。他靠自己的表达方式消除了他与听众的距离，听众自然接受他，并认可他。

第5章

不会说话，你就自己累到死

向马云学点领导口才，能把庸才激励成干将

永远站在员工的角度讲话

一家公司，总会有新员工的加入，有老员工的离去。怎样面对这个问题，便能看出这家公司管理者的水平了。一般的公司都是用情困人，将所谓的人情聚散挂在嘴边，企图让那些老员工不忍心离去。

这样做也是有一些效果的，不过往往并不理想。如果不能给员工一个舒服安逸的环境，不能让员工得到快乐，或者不能给员工更多的收入，那么怎么都是留不住员工的。一个高明的老板，会让员工坚信，待在公司里才是最好的选择。而一个手段不够高明的老板，则总是企图用所谓的人情或义气来留住员工。前者，总是能让自己的员工流动性保持到最小，而且总能留住那些有梦想的员工，公司必然也有一定的生气。而后者，虽然能够暂时留住一些人，但那些人往往并不是不愿意走，而是不好意思走。这样，虽然留住了人，但并不能留住心。结果便是公司的员工不少，但大家心都不在这里，而是各有所图，整天都在浑浑噩噩地混日子。最终虽然人员繁盛，但效率低下，反而不如大方地把人放走了好。

所以有如此差别，就在于一个角度问题。马云是一个看问题角度很独特的人，也是善于表达出这种独特的人。阿里巴巴也有人员的流动，但马云总是能够将那些最好的人才留在自己的身边，靠的就是他不一样的表述方式。他不是向员工表达悲情，然后让员工因为人情而留下来，而是帮员工分析形势，让员工自己主动留下来。

马云曾这样跟自己的员工说：

再一个跟大家说一下，我最大的顾虑就是上市以后员工的心态问题。我一定会跟所有的老员工交流，特别是和“五年陈”以上的老员工做一个沟通和交流。

孙正义讲过一个故事，这个故事是真实的。当年软银在日本刚刚成立的时候，有一个小女孩，得到软银一点股票，那个女孩很不高兴，这一点股票还算股票？我不要股票，你给我工资多一点。所有公司创业时现金都比较少的，阿里巴巴创业时也一样，开始工资比较低，到了淘宝也低、支付宝也低，雅虎有点例外。当时孙正义就希望工资低一点。女孩拿了一点股权，也没当回事。一年以后，两年不到的时候，软银上市了，这一点股票值一百多万美元，最后涨到将近两百万美元。她才拿了一点，后面的女孩可能有拿更多，全部变成了上百万美元的股东，有的人甚至变成了几千万美元的富翁。这些小女孩说，我们真是好运气，于是她们嫁人的嫁人，不干活的不干活，开始买房子、嫁人，没有一个人真正感谢公司，没有一个人真正感谢团队。这时，软银内部冲击很大，公司许多员工一起跑开，很多人成立自己的公司，来挖原来公司的墙脚。留在软银的人受到巨大冲击，股票受到了打击，公司受到了伤害。当然出去的人，据现在统计，没有一个人成功的，来得快去得更快。留在里面的那帮人都活了下来，而且现在股票越来越坚挺。

我跟大家讲，八年以来或者说五年以来，我们这些人中，可能有些人想，反正也没有地方去，在阿里巴巴待着挺好的。我不敢说是80%，至少40%的人会觉得我也没有地方去，有一个工作做做就好，反正在这个公司总能够混下去的，于是稀里糊涂待下去。那些认为自己很能干、应该得到更高待遇的人都走了。那些认为肯定能够得到更高的工资，在别的公司得到更高职位、更多股权的人都走了。这些都是自认为很聪明的人，而我们这些自认为不是很聪明的人，留了下来。

马云没有说那些从公司得利后去外面发展的人的坏话，没给他们冠上一个不懂得感恩的帽子，而是用那些人的现实遭遇来告诉大家：公司是一个众人的集合体，靠每个人的努力才有公司的现在，也只有这些努力同时存在，才有员工的未来。这，才是最好的说服方式。

在这种时候，很多人都会选择打情感牌，将不懂得感恩视为一种不道德行为讲给大家。这是容易引起逆反心理的。他们的这种说法，是自然地将公司和员工对立起来了。而马云则是将大家归结为一个整体。前一种表述方式，是完全站在公司的角度在谴责别人，而马云则是为大家和公司共同着想。正是这种表述的方式，让马云的话更有说服力。

这就是表达方式的重要性了。不要站在一个高点上对别人进行说服，那样只会让自己陷入孤立。要懂得从全局的角度来谈，将大家当成一个共同体，然后分析整个共同体的利益走向，这样别人自然就认可你了。

引导员工，给他们最想要的一种赞美

在给别人讲道理的时候，很多人都很强势，总是用不容置疑的口吻给对方下命令，让对方必须去做。这是不好的。要知道，坚定的语气可以让人更相信我们，但不容置疑式的强悍就有些过头了，会让听者反感，觉得自己被人小觑了。

因此，要不时地变换思维，在说服别人跟自己一起做一件事的时候，要学会引导。要把自己的愿景和想法讲给别人，同时也要将自己的愿景为什么能够实现，自己的想法为什么有道理讲给别人听。当然，更重要的是，要告诉对方，跟我们一起对他们有哪些好处。只有给对方充分的理由，然后加上坚定的语气，才能够让对方真正接受我们，从而愿意跟我们去做。

那种单纯的，极其强势地用命令口吻去跟别人讲话的方式是最不可取的。哪怕面对的是自己的员工或属下，也多半不会有好的效果。对方或许会因为我们职位更高而不当面反驳我们，但内心中一定是有抵触情绪的。从而在工作的时候大打折扣，所谓在我们面前点头，在我们背后偷懒，多半是因为此。

所以，还是要说理和命令结合，这样才能有最好的效果。

下面我们就看看马云是怎么做的。

我有一个想法和要求，希望在座的每个人，不管你以前干什么的，我们都正视互联网，欣赏互联网。这个东西真奇怪，我们以前搞死也搞不过它，越来越搞不过它，我们还很弱小，我们到现在为止没有超过100亿美元市值的公司，你说能成为世界级的伟大公司吗？人家都搞到1700亿了。但是不等于不存在互联网的精神。

我为什么去做阿里妈妈？因为互联网的文化是一个生态链，互联网绝对不可能成为几个超级大网站独霸的天下。海洋里面不可能只有几条鲸鱼、鲨鱼，而没有大量的虾米。没有小的东西，鲨鱼、鲸鱼都会死掉的。阿里巴巴必须要有生态链，我们必须为将来自己生存的环境而发展。

无数的中小网站、博客、论坛，这些不活下来的话，我们鲨鱼会死掉的。为这些环境做事情的时候，你这个企业会做得更强大。阿里巴巴要感谢中小型网站，如果没有中小型网站，那么，当新浪、网易门户封杀的时候，淘宝就没了，至于赚不赚钱，我们forget it（不必在意）。

今天阿里巴巴有这个能力做一些围绕着战略做的事情，战略永远是重要而非紧急的事情，但生态环境是很重要也很紧急的事情。

马云开头的第一句话，便是有命令意味在里面的，不过并不强硬，更重要的是，紧接着不是下达具体的命令，而是告诉人们为什么要执行这个命令，他的道理在那里。这样的讲话方式效果就会很好。它是引导式的，而不是粗暴强硬式的。

人或多或少都有些自负情结，因此当听到别人粗暴强硬地命令自己的时候，总会觉得不舒服，从而产生抵触情绪。我们要做的不是用更加的强硬将这种抵触情绪压制下去，而是用其他的办法将之消灭。最好的办法就是命令和引导相结合，让它根本就没有出现的机会。

要知道，让别人按照我们的意愿做事，并不是让别人成为我们的附庸，而是拉上别人一起去做一番事业。因此，切不可以摆出自己是老大的架势来，用不容置疑的口气跟别人说话。那样是摆错了自己的位置，同时也背离了我们的初衷。

要多学习马云这类具有良好演讲才能的人说话，然后多多借鉴他们的讲话方式，让我们也成为讲话高手。到那时候，自然可以很好地说服别人，并不让对方产生抵抗情绪了。

让员工努力的最佳方式是给他们营造危机感

从说服的角度来讲，命令不如引导，而引导则不如让他们发现危机。很多人不懂这个道理，只是用命令的方式让别人听命于自己，以为这样够强势，是最好的办法，其实这是效果最差的做法。

一般来说，想要让自己的员工更加有干劲，想要说服他们努力去工作，依靠太多的工作量，用自己的权力压着他们做是不好的。这样的做法，就是命令式的做法。这会让员工陷入疲惫，同时也容易激起他们的反抗情绪。从而让员工走向懈怠，最终不仅没有实现自己的目的，反而适得其反。

另一种做法就是利益诱导了，也就是类似引导的做法，这样的做法是有效的，用利益去激励员工，他们自然就有干劲了，但是并不是最好的办法，最好的办法是让他们有危机感。

但有些人把这个弄错了，他们在公司内部制造危机感，那是不好的。比如末位淘汰机制，虽然能够让员工拼命干活，从而摆脱被公司淘汰的命运，但它让公司内部整个成了一个略带对立意味的环境。与身边人竞争的意识越强烈，团队就越不稳定。所以这样做的公司，一般来说虽然员工们也很努力，但缺少团结奋进的氛围。

而在这点上，马云的做法就很高明，我们来看看他是如何跟员工说的，而他的这番话又会起到什么样的效果。

我们的对手是世界一流的对手，谷歌是1300多亿美元的公司，拔一根毛出来不知道多少公司被打下来。我们中午在开会，英文站点技术人员才18个人，18个人在抗着谷歌这样的对手。

我们要求公司各个部门给英文站点提供强有力的支持，因为65%的营业额来自B2B，是这18个工程师在扛着。我们处在危机当中，必须在两三个月以内彻底扭转这个局面。阿里软件、淘宝、支付宝、雅虎中国，我们要抽调优秀的工程师到这个团队里面，特别是阿里软件，有多少工程师，举手给我看看？今天B2B老大第一个站到拳击台上，对不对？这是真正世界性的拳击台，马上要上去。

我们要配置好优秀的人才，要配置好优秀的肌肉，拳击套、牙套要戴好。阿里软件，抽你们的人，别说不。我们今天需要像志愿兵一样跨过去，淘宝、支付宝、雅虎，全部要有这样的心态。我们今天全力以赴派第一批志愿军进入到B2B，是为我们的国际网站。

明枪暗箭越来越多，QQ的实力大家都知道，百度的实力你们也知道，谷歌的实力也知道。阿里巴巴是强大，但我们的对手也是世界一流、中国一流的。QQ应该讲是世界一流吧，IM（即时通信）谁玩得过它！谷歌是世界一流，百度股票涨到200多美元。告诉大家，碰上优秀的对手，首先你很幸运。淘宝很运气，阿里集团很运气，我们今天碰到的对手是世界一流的对手，我们要学习他们、超越他们。

我想告诉大家，我们的模式并不比他们差。我认为电子商务和互联网最强大的两大模式，第一个是门户，第二个是搜索引擎。到目前为止，真正Web2.0商业模式运用最好的，不是靠广告，而是靠交易赚钱，就是Ebay和淘宝。

马云也给员工制造了危机感，不过不是来自内部的危机，而是来自外部的危机。这样，不仅可以激励起公司所有员工的豪情，更有利于大家结成一股力量，劲都往一处使。所谓当一群羊不团结的时候，最好的办法不是给它们制定制度，而是在它们的周围放一匹狼，就是这个意思。

从中我们可以看到，马云确实是一个管理高手。短短几句话，便营造了一种紧张的氛围，同时能够激发员工的豪气，让员工有上进的精神。确实，大家听了这番话后，想得更多的就是，虽然我们的对手很强，但我们也不弱，既然大家都是强者，那么就放手做一次，比个高低吧。

这样，人们的豪情就瞬间被激发出来了。这就是讲话高手的能力了。可以在不经意间便让别人受到感染，从而沿着他们制定好的道路一路向前。

以员工的需求为切入点，自然无往不利

很多人喜欢长篇大论，这不是不可以，但要言之有物。只有有意义的话，才是该说的话，如果张嘴便是些无意义的空话，那么不如不张嘴。尤其

是在给别人建议的时候，更是如此。

不过，道理上大家都明白，可是真正到生活中，我们还是往往会忍不住说些废话或者唠唠叨叨说起来没完。如果有这种习惯，那么就应该改掉了。要知道，真正的口才不是说个没完，而是言之有物。

马云就是一个言之有物的人。他的口才很好，可以说个不停，但是基本没有废话，而是能够在第一时间给人以有益的建议。这样就很好，会让人愿意跟你聊天、交谈。

关于马云的言之有物，他在《赢在中国》做评委的时候，给选手们的点评是最能说明问题的。马云总是能够看到别人的优点和不足，然后对他人的优点给予鼓励，对不足给予劝诫。

下面就是马云的一段点评。

三场比赛我们都发现一个问题，没有资源的那些团队都赢了，而看起来可能会赢的团队全都输了。骄兵必败，商场上也一样，商场上很多东西看起来要赢，结果都输掉了，因为你不够重视。我们做企业的，每天都是如履薄冰，每一天，对每一个项目、对每一个过程都非常仔细认真。

永远要把对手想得非常强大，哪怕对手非常弱小，你也要把他想得非常强大，这是商界犯错误时经常会说的话。

面对新的强大对手，很多人常犯的几个错误是看不见、看不起、看不懂、跟不上，首先对手在哪儿都找不到，第二我根本看不起这些人，第三我看不懂他们怎么起来的，最后是根本跟不上别人。

我觉得你们这个团队刚好犯了这些错误，你们觉得对手不如你们，你们觉得你们对市场很了解，对客户很了解。但事实上，你们讲得很对，输在轻敌上面，今后我觉得大家一定要注意。

所以5号队友我也想讲，我在讲话过程中关注到，你比较以自我为中心，你作为领导者应该以别人为中心，以客户为中心，不能说我做的都是对的，别人可能都是错的。1号，当时牛总讲得非常好，你有没有想过为什么团队很多人都没有把你当作一回事？

话不多，但句句都说到了点上。马云之所以能够做到这样，就在于他善于观察生活，有一个喜欢思考的习惯。因为爱思考所以能看到别人看不到的东西，能够体悟出别人体悟不到的道理。正因为这样，才能够言之有物。

其实，讲话的能力并不是天生的，而是可以培养的，关键就在于如何去培养。真正的方式不是去研究各种说话技巧，那样也会有所帮助，但效果并不明显。最好的方式是充实自己，让自己成为一个有知识、有见解的人。只有胸有翰墨，才能言之有物。

不要做空谈者，要试着说有用的话、有分量的话，只有这样才会有更多的人喜欢我们。如果只是一味喋喋不休，那么早晚会被人当成话痨，从而远离我们。

学习马云讲话，首先要学习的就是马云丰富的知识。只有像他那样，不断地从外界汲取营养、充实自己，同时善于观察生活，得出自己的结论，才能说出有质量的话来。

语言也是有讲究的，质大于量。真正的讲话高手，注重的便是这个质，而不是不停地说。这一点要牢记。

把企业目标变成员工的个人理想

每个人都有不同的性格，也有不同的说话风格。有些是和善的，即使批评别人的时候也保持一种优雅；有的人则是尖刻的，即使夸奖人的时候也会略显尖刻。其实，这些讲话风格，只要不对别人造成伤害也没什么不妥。但一个真正的讲话高手，必然是风格多变的。他们懂得在各种不同的场合讲各种不同风格的话。该柔和的时候柔和，该犀利的时候犀利，这样才是好的。

马云就是这样的一个人，他对员工有很高的要求，经常在员工大会上讲话时毫不留情面，但他也有温情的一面，会去鼓励员工。这就是马云的高明之处。在员工因为自身原因懈怠的时候，就要批评他们，激起他们的斗志来。如果因为外部的大环境不好，而导致大家对事业没有信心的时候，就要去鼓励，只有这样才能让员工们重拾战斗的信念。

在一次公司内部讲话中，马云告诉员工们：

> 我今天不想总结地说，我们一定要往这边走，而是和大家一起探讨一些思想。
>
> 还有就是我们以前讲的实力，我今天看到标语上这么几个字，“勇气和坚持”。我以前讲过，实力就是抗击打能力，你怎么打我我都不倒。在这里面可以看到实力是一种勇气和坚持。为什么你有勇气？就是我们所说的“艺高人胆大”，我敢走。
>
> 勇气是因为你“艺高人胆大”，而坚持是因为你有“使命感”。你可能比别人看得远，你看到的角度别人可能没有看到，所以你坚持走下去。在勇气和坚持这两个词里面，上升到一个高度就

是，勇气是在压力面前还敢不敢坚持，坚持往往是在压力和诱惑面前，你敢还是不敢。这是领导者很重要的一个东西。

压力压得大，比方说SARS(非典)爆发的时候，整个阿里巴巴我们都感觉到天要塌下来了，明天要把我们的门关了。我们阿里巴巴从来没有比这个时候体现出更强大的领导力。当时我们说不能忘记客户，我们还是要往前走。那个时候真的有点像外星人打地球，一场fight(战斗)。

除了压力，还有诱惑，昨天我和卫哲在讲，路演的时候，按照我们的资金、所有的认购量，1800亿美元的无底价订购，我们真的可以在18块、19块左右轻轻松松地卖出去，多卖一块钱，我们就能多拿一亿美元，就可以多一个阿里巴巴江对岸的园区，13万平方米。在这个诱惑面前，你还是不是坚持你的使命感？很多人在诱惑面前软掉了，在压力面前弯掉了。

其实领导力的最后实力是在于勇气和坚持。真正的将军是在特别的时候才看得到的将军。大败敌军，掩杀过去的时候，这个将军的勇气和领导力你是看不出来的。撤退的时候才看得出来谁是优秀的将军。撤退的时候，在压力面前、在诱惑面前，你敢于做到理想不减，你就是优秀的将军。

淘宝5年不收费，一个是我们要实现我们的承诺，另外一个，我们知道B2C、C2C的市场很大，要抢占制高点。在这个诱惑面前，在压力面前，偏偏有人在说，哎呀，阿里巴巴是不是不知道怎么挣钱了？你们好傻，等等。So what(那又如何)？因为你看得更远，因为你知道你的使命不是挣点钱，而是创造100万的就业机会，改变无数人的命运。所以我们说不，继续往前。勇气让我们知道自己的使命。要认清自己，但不是狂妄。

马云的这几段话是为了鼓励员工们不要被外界影响而丧失斗志。这就是马云，总是能够找到最好的应对方式，用自己的语言激励员工们成长。

我们也总会遇到这样那样的人，他们会向我们求助。有的时候是对方走进了牛角尖里，这时候就要尖刻一点，将他们骂醒。但是如果真的是对方遇到了自己所不能左右的情况，我们就要给予鼓励。很多时候，鼓励别人也是在激励自己，我们可以从他们身上看到自己的不足，对我们也是一种提高。更重要的是，我们的鼓励给对方提供了正能量。能够帮助别人，总是好的。看着他们一点点地坚强起来，我们也会有很强的成就感。

一个人要想获得更多的朋友，要想得到更多的支持和认可，就要懂得在不同的环境中变换不同的语言表达方式。永远用符合那个环境的方式去讲话，这样才能收到最好的效果。

“没有你们，我怎能如此优秀”

目前是一个讲究合作的社会，我们只有跟别人协同合作才能让自己的理想一点点实现。在这个过程中，如何去面对合作伙伴，这一点很重要。

有些人很自负，总是觉得自己很厉害，觉得自己无所不能，从而看不到别人的作用，眼里也没有别人的付出。这样是不好的。一个真正聪明的人，不仅会向别人介绍自己的功绩，更会将合作伙伴的付出告诉众人。这样，不仅能让众人对你的团队有一个清楚的认识，也会让合作伙伴感到舒心。

不管什么时候，都不要将所有的功劳都记在自己的头上，那样是不好的。在一个合适的场合，给人讲讲朋友的故事，告诉别人自己的朋友、伙伴们曾付出过多少。这样不仅会让听者觉得你是一个懂得感恩的人，朋友、伙伴们知道后，也会更加信任你。

在一次接受访谈时，有人提问马云，马云在回答的时候，就表现了自己对合作者们的感恩与热爱。

杨达卿：我们曾经做了一个调查，很多淘宝的卖家，他可能不是依赖于产品本身，而是依赖于物流差价赚取费用，比如说一件衣服，它在淘宝上挂着快递费用10元，实际上它最终给物流商的可能是6元，而这个差价造成好多淘宝卖家一个依赖性。今天阿里巴巴提出1000亿的计划，而且在200～300亿投入的仓储系统，阿里巴巴或者淘宝凭借话语权优势怎么营造好的游戏规则？

主持人：总而言之，是觉得你抢了别人的饭碗。

马云：我们没想抢合作伙伴的饭碗，阿里生态系统有今天是无数快递人员的点点滴滴的努力造就的。我的职责和我们的目标是投下去所有的钱，让这些人受尊重，让这些人的生活条件好。11月11日，光淘宝一天的促销导致的包裹就达到7800万个，因为特别感动，我第二天请了物流公司的老板吃饭，我问他们怎么做到送出去的，他们说他们把家里所有快递人员，把自己的太太、儿子、女儿、外婆所有的人员都用出去了。这是中国的奇迹，所有人去想象191亿奇迹，7800万的包裹，每一天还有2000万的包裹加进来，居然没有瘫痪。送出去了，这是更大的奇迹。我由衷地尊重他们。我投资物流，是让他们活得更好，当然，活得更好不是分钱，只要能用钱解决的问题都是小问题。我希望制造业赚钱，消费者有好处，中间的服务提供商能赚钱，而不是被那些传统的流通领域所垄断。我们做的是消费流通，我们希望消费流通，迅速影响到消费制造，再由生产制造改变生活方式。

我听见有公司说招两万名快递人员，他是做电子商务的，我是挺为他着急的，我觉得这样的是要死的。必须让社会上其他人活好，帮你服务地活好。如果服务得不好，你可以请更好的。

马云没有大谈特谈自己的阿里巴巴和淘宝，而是告诉大家快递从业人员们有多辛苦，他们付出了多少。这便是给自己的合作伙伴打广告了。这样一来，不仅让人们了解了淘宝是如何做生意的，从而对淘宝有一个更加全面的认识，同时也是对快递从业人员们的付出的一种肯定。这种不表扬自己而表扬他人的做法，就是一种感恩的做法。

我们总是会碰到这样那样的人，他们会在不经意间给予我们足够的配合和帮助。对这些人，不要忘记，也不要认为他们的所作所为是必须的，是理所当然的。在适当的场合，在话题合适的时候，告诉众人他们曾经做过什么，给他们一个正面的、合适的评价。不仅提升了我们自身的格局，也能为我们赢得更多的尊重和认可。

做人不要总是想着自己，一个完全活在自己世界里的人是可悲的。只有打开怀抱，用自己的心包容更多，能看到别人的付出，懂得感恩的人，才是真正能够得到别人永久认可的人。

当然，更重要的是，要把这份恩情表达出来。不要将其放在心里，觉得我的心里有就可以了。要把感谢的话大声说出来，要让别人知道自己身边的人曾付出过多少。这样，我们的朋友才会更愿意跟我们交往，我们的伙伴才会更愿意跟我们合作。

没有人喜欢一个自大、总把功劳归于自身的人。既然如此，就不要去做这样的人，更不要说这样的话。多讲讲别人的好，其实是为我们自己好。

第6章

当上帝错了的时候，也要驳斥回去

像马云一样犀利，勇敢做自己是王道

一针见血，方能语惊四座

马云有时也是一个高调的人，但他并不张扬。在为人处世上，马云向来能把握住最好的度。正是因为这样，才有那么多人喜欢他。纵观其他人，不是太过张扬被人嫌弃，就是太过低调，丝毫引不起别人的注意。不过，张弛有度的马云，也经常会语出惊人，表现其犀利的一面。

马云是一个民营企业家，他从一无所有到拥有一个庞大的阿里帝国，这其中经历过辉煌，也碰到过麻烦，不过他都挺了过来。其间自然积累了很多经验。马云的这些经验，是通过面对赤裸裸的现实总结出来的，很多都是血的教训。

一般来说，一个人开始创业的时候，都是满怀憧憬的，这时候他是一个理想主义者。在遭遇困境，发现创业很残酷，跟自己幻想的不一样的时候，就会抱怨现实。这时，如果他听到了马云从血泪中总结出的经验和道理，总是不能接受的。因为这跟他们内心的理想幻境差异太大。不过马云的犀利就在于他只说真话、讲真理，而不去在意这些人的感受。这是一种原则，也是对后进者的一种负责。忠言总是逆耳的，只要它有用、触及了本质，就要讲出来。

在重庆举办的一次商业活动中，面对众多的企业家，马云说：

世界经济越来越复杂，但大家的机会都是一样的，你差的时候我也差。我认为民营经济现在很难，但不是最难，相比30年前，民营经济已越来越好，我们应该感谢这个时机。

创业成功的人是很少听经济学家的话的，因为经济形势好和坏与经济学家没什么关系，好形势下有坏企业，坏形势下也有好企业。因此，民营经济应该做好自己的事，坚定自己的理想，一切是靠自己做出来的。

我坚信中国经济要走出困境，一定是靠民营企业，但很遗憾的是刚听到有人在说需要政府出什么政策，光是等政策就像鸦片一样，上瘾就停不掉。面对困境，民营企业更多地需要靠自己的努力，就像下雨天不一定就会把人淋湿，只要你躲得好。

阿里巴巴现在是获得了一些成功，但我们的成功靠的是什么？比我们聪明的人多如牛毛，在阿里巴巴上市的时候已经有七八百位百万富翁，我当时就问，是真因为我们能干？反正我连高考都考了三年，成功其实是因为我们执著。

我创业的时候曾想证明一件事情：如果马云创业都能成功，那么80%的人创业也能成功，因此大家一定要有理想并且执著。

做企业不是做今天，而是做10年以后。20世纪我们做生意靠寻找机会，而这个世纪我们做生意是要解决社会问题，只有解决社会不断出现的问题才能有机会。坚定走10年，企业一定会走出来。

这是一段很犀利的话，丝毫不给人留情面。很多人听了这段话后，可能会感觉不舒服，因为马云否定了他们的某些做法和看法，但我们又不得不承认，马云说的是对的，因为他触及了本质。这就是马云，总是能够一针见血，语惊四座。

要讲话，就要学习马云这样，讲犀利的话，讲触及本质的话，而不是讲一些废话。真话可能会得罪人，但那都是暂时的，总有一天对方会明白我们的用心。更何况，这世界上并不是每个人都是糊涂蛋，很多人还是能够听得进真话的。因此，在必要的时候，不妨让自己的言语犀利一些，就像马云一样，做一个清醒、不随波逐流的人。

犀利的话有时候会让人不舒服，别人不舒服不是因为我们讲错了，而是触动了别人的情绪。这些都是暂时的，因为深刻本身就是一种残酷。等残酷过后，我们看到的就是事物的本来面目了。

马云的成功，靠的就是这种能够直达事物本质的能力。

让表达形象化，说服力会加强一倍

很多人都想让自己的语言变得生动，但却不论怎么努力都不得法。其实让语言变得生动些也并不难，多用些比喻就好了。

直陈道理是一种逻辑式的思辨，虽然严谨但枯燥。这样的话或许让人挑不出毛病来，但却很难让人喜欢。而多用比喻就不一样了，用比喻来说明一个问题，是用语言给听者营造了一个情景，这情景很多是听者曾经经历过的或者听别人讲述过的，因此会有一个比较直观的认识。虽然比喻没有直接陈述逻辑那么严谨，但它更形象，更生动，更吸引人。这就是比喻的用处了，让人更有代入感。

一个讲话高手必然是一个善于运用比喻的人，马云就是这样的一个人。马云讲话很随性，信手拈来，但又很生动，这是因为他会运用大量的事例和比喻，能够瞬间让人产生代入感，然后完成自己的说服。

下面是马云在《马云与80后面对面》中跟观众的一次对话。

观众：马云先生您好，我自外经贸毕业了，和朋友创业，有个问题想问：现在困扰着我的是，男人身上的品质永不放弃非常重要，但有时候要学会放弃，怎么在永不放弃和学会放弃之间找到平衡？你如何在创业之中找到平衡点，如果说一年要赚到50万，如果没赚到50万的话是不是大家都各自回家了？如果使命和价值观没有给你带来回报你会持续吗？

马云：这个问题蛮好，永不放弃和学会放弃的区别。要想成功一定要永不放弃克服各种困难，但是只有在你学会放弃的时候你才开始进步。假如这是一堵墙你要绕过去，你永不放弃地撞还是撞不过去，学会放弃就是退一步，看一看是否能从边上绕过去。

什么是战略？从这张地图，我们看看杭州到北京这么短路，实际走起来却很远，我告诉大家理想和现实的差距是很远的。但是，我们应学会什么东西该放弃什么东西不该放弃。我永不放弃的是我的使命、价值观，我立刻把公司关了，但我不会说为了赚钱而放弃这些东西。全中国99%的企业在赚钱，但是他们未必抓住了使命，我以使命和价值观去赚钱的时候我心里踏实，我不会比别人赚钱多，但我踏实。我帮我的团队讲究诚信，讲究拥抱变化。

这个世界上一定有人比你挣更多的钱，你刚才问的问题是不是赚不到钱了我们会放弃？绝大部分的企业这么看。我认为，我们做一件事情为社会有贡献，如果我们没赚到钱这件事情一定没多大贡献，但是你赚了钱了未必对社会有贡献，真的对社会有贡献的企业最后一定是赚钱的，这点是肯定的。要把使命感、价值观整个体系建立起来，永远可持续发展地发展，离开这个你走不远的。所以练外形没有内功一点没有用，光练内功没有外形也没有用，将二者合在一起才是高手。

放弃和坚持，都是比较空泛的概念，但是马云用一堵墙来比喻，瞬间就让它们生动起来了。战略也一样，很多人都在提战略，可是少有人知道到底战略是个什么样子，但马云用一个简单的比喻就让听众理解了。这就是讲话的技巧了。

想要让别人专心听自己讲话，就要讲得生动，要抓住对方的内心。而抓住对方内心的最好方式自然是营造一个固定的情景，让对方的思维在这个情景中发展。只有这样，才能保证他们的注意力一直在我们这里。

不过很多人也都明白这个道理，却不知道怎么才能够做到。如果多了解些马云的说话方式，就能明白个一二了。

马云是一个讲故事的高手，他之所以能够讲那么多故事，能够将故事讲好，在于两点。一是足够的知识储备，只有知道得多，才能讲出来得多。二是会运用语气。我们都有这样的经历，本来是一个非常有趣的故事，可是通过有些人讲出来，便索然无味了。其主要原因便是语气运用不得当。用朗诵的方式来讲笑话，效果自然是要打折扣的。

所以，若想要让自己的语言变得生动，就要多一些知识的积累，只有这样，在讲述一个问题的时候，才能够想起来用什么去比喻我们将要讲述的道理。还有就是注意语气上的变化，平淡的人生是很多人想要的，但平淡的语气却是很多人讨厌的。

把握好“忍无可忍，无须再忍”的度

即使是一个与世无争的人，也会遇到各种各样的麻烦，会有人说我们如何如何。而正常人很少能够做到与世无争，就更是要面对这类问题了。马云是一个商人，是著名的企业家，遇到的类似问题自然更多。

在面对别人质疑的时候，如何说，怎么说，是有大学问的。

一般来讲，如果对方仅仅是因为没有明白我们的意思，从而提出疑问，那么直接解答就好了。但如果那人是故意针对我们的，不妨先忍，如果仅仅听了一点恶言便跳出来，难免给人一种太过计较的感觉。可是如果对方总是在找我们的麻烦，或者说了些我们所不能容忍的话，那么不妨直接反驳回去。

在做客《面对面》节目的时候，谈到了网店征税的问题，有人向马云进行了提问，马云在回答这个提问的同时，也对一些经济学家进行了回应。

李成东：我比较赞成打赌马云会赢，但是我有不同的看法，在哪里？就是我们知道线下零售已经受影响了。其实征税，税收来自于线下，那个零售体系知道淘宝网上交易是没有征税情况的，但是在天猫有，马云怎么看？如果强征税了，淘宝的东西能不能更便宜？你是一个什么态度，对淘宝本身有没有影响？

马云：这是一个好问题，这个问题是一个经常胡说八道的经济学家提出来的，不是你，跟你没关系。我知道有一个经济学家，带头提出了淘宝成功是因为中国税收贵了所以这个样子。因为我们习惯觉得别人成功，一定是钻了某个空子。你觉得有没有这个原因？

有这个原因，这个原因到底有多大，非常非常的小。在淘宝上面，今天来讲，94%的卖家不在征收税收的比例里面。但是由于这个不在征税里面，这些人一年的营业额在24万人民币以下，这些成了淘宝主体市场。超过的6%，我们发现很多人已经开始在交税，今天在淘宝上依靠淘宝成长发展创造就业的间接和直接有1000万人，我们把6%所有的税加起来有五六十亿，国家愿意收这五六十亿，即使收得精光，还是希望这1000万人创造更多的创业和就业机会。我自己觉得淘宝今天，我好像四年以前就讲过，一个企业不交税务不道德，你不能说我不交税。我告诉淘宝，今天这个时代，是欠债的一个红利时代刚刚开始的时代。

如果你不为这个做准备，你走不远，真能够靠不交税持续的经济是不可能的，所以我对这个假设中国开始征税，100%相信淘宝那些企业会继续创造更多的奇迹出来。因为他们并不是人们想象的那样靠一点点偷税漏税，他们靠创新在生存，他们靠希望在生存，我对他们抱有希望。

如果对方是善意的，我们自然要用善意来回应，但如果对方是恶意的，直接反击就可以了。要知道，以德报怨是美德，以直报怨才是常态。如果对方总是找我们的麻烦，又何必要忍呢？直接回应就好了。

当然，回应也要技术含量。一般来讲，带有恶意的言论，肯定是故意的，这时候回应他们更是要小心。如果随意乱说，那么很可能让他们从我们的回应中发现漏洞，从而对我们进行更加猛烈的攻击。

总之一句话，态度上要强硬，但理论上要完备。就像马云那样，指出某些经济学家是胡说，随后便给出了他们胡说的理由。这样一来，听众自然能够判断出哪个对哪个错了。如果仅仅是情绪的发泄，反而会让人抓住把柄，让自己陷入困境。

忍是美德，但一味忍让，便不是什么美德了，而是懦弱。对于心怀恶意的人，直接回击便好。忍无可忍时，则无需再忍。

危机公关，以退为进方为上策

在马云的商业生涯中，也是有很多坎坷的。他曾创建过好几个公司，虽然都有一定的成就，但终因无法实现自己最终的梦想而放弃了。最后，马云做了阿里巴巴，这是他梦的所在，因此坚持了下来，并取得了成功。

不过阿里巴巴一路走来也并不是全都顺利的。其中淘宝商城的涨价事件，便是一个不小的波动，很多用户不满，对马云表示抗议。

马云收到这个消息后，马上赶了回来，并对不满者做了一次演讲。

谢谢大家，有点时差，刚从美国回来，对不起大家，每次都是匆匆忙忙把大家叫过来做沟通。来之前媒体朋友说，你的手上写了什么东西？我的手上写了四五个“忍”字。我的朋友担心我，怕我会乱发脾气。这一年麻烦还真挺多，这样的沟通有三次，第一次是电视台批淘宝有假货，第二次是支付宝，第三次是这个。挺奇怪的，支付宝的事情扯出了VIE，说诚信又说我们打击小企业。

我在飞机上听到了一首歌，《伤害你最深的人就是爱你最深的人》。这个政策的出台，淘宝商城做了很多研究，我也一直关注这个事情，出发点是：第一，几个部委联合打假做网上诚信，电子商务越来越大，如果我们不对假货水货采取措施，中国电子商务就走不多久。第二，中国电子商务面临产业升级。我认为三年之内中国经济会面临挑战，挑战最大的是中国民营企业。美国这方面的结构做得很好，我这次去美国另外一个原因，是看奥巴马如何解决就业，他们走过的路，中国也许可以从中汲取经验。

有人会说马云你为什么老是站在道德的高峰，我并没有，我只是个普通的创业者。去年年底我在淘宝大会上乌鸦嘴，说2011年淘宝必有一难，说过了我也忘了，谁知真来了。我希望2011年是淘宝最后的一次，阿里巴巴今天缺的不是工程师、客服人员，最缺的是法律专家、经济学家和政策学家。请问你们有没有碰过这样一家公司？淘宝上面有800万人开店，很多人以此为生，假如你不改，三年以后网购起来，网购电子商务可能是解决中国内需、扩大就业最好的办法。我是1点20分的飞机，9点之前我还在和加州州长讨论加州就业问题，中国每年就业也一样艰难。

这条路是我们自己选的，我们没有请求大家同情，只是希望大家理解一下做这个事情的难度。我今年的名声是“过河拆桥”，我从来不是互联网的英雄，我就是个杭州起来的凡人。我有时候晚上觉得对不起的是我的同事，他们在做超越能力的事情。有人说我们圈钱、非法集资，说拿去买雅虎，你们知道买雅虎要多少钱吗？按照今天的市值要200亿美元，要按照现在几万的速度，下辈子都筹不齐。我们是互联网公司中现金储备最多的公司，我们为200多亿美元早就做了准备。运营淘宝一年需要多少钱？2011年现金支出是60多亿，不包括固定支出20亿，一年花出去七八十亿，我没问银行、政府要过一分钱。你们有困难，哪家企业没有困难？我们是怎么起来的？创造的直接就业200多万，每家企业都有自己的压力，都不容易。淘宝第一次成立的时候，大家说你们靠免费打败易趣，也有人说垄断。前段时间我去美国穿越沙漠，没有油了，走了好久找到加油站，一看要加75%，开车的人火气很大，很生气说是垄断。油站老板说，你去其他地方看看，欢迎你到这儿来投资，我10年前就开始来这儿做加油站，没日没夜地投资。

今天来闹事的人，也不是毫无道理，我仔细听，听了很多，我们政策制定的想法是好的，方法需要更多完善，需要沟通。王帅一再提醒我，不要骂媒体，要用网络时代的沟通方法，我很奇怪报道出来，不是我们打假建立品质商城，而是涨价5至10倍。我觉得我们的沟通这次是有问题的，制定制度的都是二三十岁的年轻人，缺少制度专家。有人愤恨我完全理解，今天我必须面对这个挑战。5万多人真正参与攻击的是5000多人，有一半是没有淘宝店的，有店的人都是被处罚过的，当然背后还有一家网络公司的员工在里面。我们不是没有错处，我们向大家道歉。

这就是马云讲话的方式，永远都能够收到最大的效果。首先是表达了歉意，安抚众人的情绪，然后解释原因，并梳理整个事件产生的原因等，对其中环节的对错给予点评，最后向大家表示歉意。整个套路下来，人们的疑问自然会少去很多。

马云讲话的高明之处就在这里，他总是能按照听众不同而调整自己的讲话策略。很多人也面临过类似的危机，但不是因为太过强势而引起更大的不满，就是因为言语空洞而遭致别人的讨伐。

正确的处理方式应该是，先对对方的行为予以肯定，但这个肯定也是有学问的，要肯定对方的心情，而不是肯定对方的行为。通俗说就是告诉对方他们的心情自己能够理解，如果换作自己处在他们的位置，或许也会做出同样的选择。但切不可直接说他们的行为是对的，如果做了这样的肯定之后，就没办法进行后续的肯定了。

给对方一定的肯定，为的是安抚对方的情绪，让他们不再那么激动。然后就是摆事实讲道理了，跟他们一起分析整个事件的成因，告诉他们彼此付出了多少，让他们明白，其实我们做得已经够好了。这时候再去否定他们的行为，自然对方就无话可说了。

说话是要讲究技巧的，即使我们是完全正确的，也要给对方留一点余地，至少要给他们留一点面子。

当上帝错了的时候，也要驳斥回去

中国人一直是比较内敛的，讲究与人为善，讲究一团和气，尤其是在商业领域，自古就有和气生财的说法。

确实，现代社会是一种服务型社会，人们奉行的是顾客至上、顾客就是上帝的理念。不过很多时候上帝也是会犯错的。尤其当外部环境发生变化的时候，更是会产生很多客户跟公司之间的矛盾。这时候如何应对就要看一个人的智慧了。

有的人选择的便是和气生财的方式，对客户的要求都一一满足，这不是不可以，但如果那要求是我们所不愿意的或者没有道理的，也不妨直接反驳回去。

只有坚持原则，才能让自己的事业做得更大。

在这一点上，马云就做得很好。对于马云来说，2011年可谓是多事的一年。这一年，马云领导的阿里巴巴旗下的淘宝不断出现事件，尤其是淘宝商城提高门槛事件，反响尤其大，很多人都对马云这一做法提出了疑问，有的甚至干脆抗议起来。面对此种情况，2011年7月初，马云从美国飞回杭州，约见媒体进行了澄清和说明。

在专访现场，马云逐一反驳所谓淘宝商城提高门槛服务费是“过河拆桥”，甚至为传闻中的收购雅虎做现金准备：“有人说阿里巴巴不了解小企业，不关注小企业的生死。我想问，国内有哪个公司或者哪个机构，能够站出来说比我们更了解小企业，比我们更能够直接地了解小企业发展的现状和问题？这12年来，阿里巴巴的发展与中国小企业的发展荣辱与共，我深以为傲！”

“淘宝运营9年来，淘宝至今仍然坚持免费开店策略，我们从不指望靠淘宝商城挣钱，但我们要求所有的商家必须要确保这个平台的整体品质，赚到钱的重要基础就是所有的商家必须能给消费者提供有品质的商品和服务。”

马云说，淘宝网发展壮大至今，对阿里人来说，更是个责任。“淘宝网每年仅运营成本就超过70亿。淘宝平台今年交易规模将达到6000亿元，培育了逾800万的商家，每年直接间接提供200万个就业机会。如果有一天淘宝网关门了，哪怕是关停一天，其影响都将不堪设想。所以我们必须要采取一切确保品质的措施，这也是淘宝商城提高品质门槛的初衷。”

面对一种声音，我们如何回复，并不是看对方是什么身份，而是要看对方的要求是否有道理。如果对方的要求有道理，那么就要听从，至少不能反驳，哪怕我们不高兴也不可以去反驳，这是最起码的道理。可是如果对方没有道理的时候，也不要为了息事宁人而做出让步，那样对自己也是不负责任的。面对无理的要求，直接反驳回去就好了，哪怕那人是我们的客户。

马云秉持的就是这样一种心态。淘宝是马云公司的产品，他们做什么、怎么做，自然是马云说了算，只要他没有违背跟客户签订的合同就是合理的。如果因为自己的利润空间被压缩了，就要求马云做无条件让步，自然是不对的，没有道理的，这时候就应该直接反驳回去。虽然说顾客是上帝，可是上帝错了的时候，我们也要给予回应。

生活中我们也常能遇到类似的情况，有些人语带讥讽或者本身就是冲着我们来的，一副不友好的态度。这时候就是要反驳回去，用自己的犀利和尖刻让他们知道我们追求和气是因为和气对大家都有利，但如果越过了我们的底线，我们也是不会继续忍下去的。

凡事都要讲一个道理。在有理的时候让步，说明我们涵养好，这时候不让步，也是正确的。因此，如果对方真的是恶意的或者对我们造成了伤害，那么，我们不妨把所谓的和气先放在一边，针锋相对地反击回去。之后再拿出自己的和气来，给那些值得我们去和气面对的人就好了。

反驳有技巧，不妨拿事实当"佐料"

带有攻击性的问题很多，有的是不停地提起我们所不愿提及的事情，有的则是指出我们行为中的部分看似矛盾的作为。对于前者，针锋相对，直接回应即可，后者便要花费心思解释一番了。

个中差别就在于前者不回答也无所谓，最多不过被人说气量小罢了。但如果遭遇的是后者，问题就会有些麻烦。因为对方在提问的过程中，已经设定了我们是矛盾的，这时候，如果不给予很好的回应，听众便会以为我们默认了，从而对我们的印象打折扣。

在这方面，马云一直做得很好，他的反应很快，可以在短时间内分辨出对方的提问到底属于哪一类，然后迅速做出有效的回应。2012年，马云接受《时尚先生》的专访时，就遇到过类似的情况。

记者：你一直在歌颂小公司，但阿里是个大公司，这，感觉会矛盾吗?

马云：我自己觉得，歌颂小公司，是因为这是我的理想。今天阿里是个相对而言比较大的公司，这是我们的现实。我的理想是相信小公司。事实上，我们自己对自己的拆解比谁都快。淘宝我把它拆成了四家公司。很快，又有几家公司要拆。我们已经拆出十家公司了。而且，我们也不算是集团式的管理，我们现在的管理更像一个组织。我们更像是一个生态系统，养出各种各样的小鸟、小兔、小猫、小狗。我们希望这个社会环境出现这种状况。大和小，怎么说呢？我们歌颂公园里各种动物，但是这个公园如果很小是不行的。我们今天在建设的是一个生态系统，不是一家大公司，而是一个真正的ecosystem。

今天早上，如果你参加我们的会议就是对这个组织的思考。我说接下来我们可能有20家公司、30家公司，我们这些不叫公司，是30个产业群，没有谁跟谁report。但是有了这个群以后，边上会有无数个小公司长出来。因为有这棵树，所以长了很多松果。有了很多松果就会引来很多松鼠，最终形成了这样一个体系。

如果你把自己定义为纯粹获取利益的机构，you died。所以，我并不觉得是矛盾的。我一直这么讲也一直这么坚信，假设我今天重新开始创业，我再也不肯干这么大的公司了。我今天早上醒来之后，我是真正在想这些事情：要不要再继续干下去？干下去，马上越来越大。这已经不是我们的能力所能控制的。假设今天重新再干过，我愿意怎么干？我愿意在淘宝上干一个小公司，有滋有味，雇十几个人，踏踏实实。这是我觉得我人生最大的快乐和理想。但是今天没有办法，现实已经是这个样子。我能把它切成一堆碎片？问题是，AT&T那时候美国还可以把它拆了。请问中国政府和世界哪个机构能把淘宝拆成碎片？第一是没法拆，第二是拆了之后1000万家企业都没了。你怎么拆呢？这是个现实。

讲话有固定的技巧，但针对问题却没有固定的答案。每一个问题都是新问题，都需要我们做出相应的反应。只有这样，才能让自己获得更多的认可。就像马云，面对的尖锐问题很多，但他总是能够一一化解，靠的就是这种应变能力。

当然，最重要的还是心态。当有人用尖锐的问题向我们提问的时候，不要带强烈的情绪，觉得那人是来找我们麻烦的。尤其是在公共场合，像很多人的聚会那种。一定要控制住情绪，这样才能为自己加分。然后就是分析对方这个问题的用意，以及对我们能够产生哪些影响。之后再去制定相应的对策，给予很好的回答。

要牢记，用情绪回答尖锐的提问，是最坏的做法，那样不仅丢了风度，更是丢了内涵。不妨以事实为“佐料”，增加说服力。如果我们摆出了事实，那么即使对方不认输，旁观者也会给我们更多的认可，那样就足够了。

第7章

棘手问题是挑战，也是展示自己的好机会

向马云学点公关口才，把逆境变成顺境

自如应对“话题陷阱”

人总是要遇到困扰的，这时候该怎么去做，该如何去说，就看一个人的能力了。有些人不善于处理这些问题，当被问到自己和另一个跟自己相似的人哪一个更厉害的时候，回答总是不得其要。不是夸大自己贬低对方，凭空得罪人，便是夸大对方贬低自己从而给人一种妄自菲薄的形象。

一般来说，面对这种问题，列出彼此的优缺点就够了，将客观事实说出来，其他的要听者自己去解读。

马云在接受香港《南华早报》记者刘怡的专访时就遇到了这样的问题。

记者：刚才你也谈到，阿里可能是中国最好的互联网公司，现在舆论上通常会认为，在中国，真正进入到国际化的互联网市场竞争的互联网公司有三家：阿里、腾讯和百度，你怎么看舆论的这种判断？

马云：既然舆论说三家，那就三家。我并没有说我们最好，在管理方面，我们是领先的。腾讯是在产品和工程上比较强一点，百度是在搜索技术上比较领先一点。说到管理，我们是三家最好的。我当着他们两个人也讲过这个问题，我们再增加两万名员工，我们可以照样很好，他们可能就扛不住了。在搜索的技术上，我们今天要往前推进的话，我们跟百度是有距离的；在产品的丰富性，在对通信产品的把握和客服的体验上，我们和腾讯是有距离的，每家都有各自的特色而已。腾讯强在产品管理，百度强在搜索技术，但互联网绝不仅仅是搜索技术，在其他技术上，它就比较累一点。我们强在综合处理，综合的技术、产品和工程。我们也许没有一样东西比别人牛在哪里，但在文化和管理上，我们相对来讲好很多，所以才会导致每样东西都是普通的，但是整体的竞争力并不差。

当然毫无疑问，中国这三家是今天总体综合实力来讲最好的。但是，传统行业是“六十年河东，六十年河西”，到了工业时代，是“三十年河东，三十年河西”，现在，是“三年河东，三年河西”，所以，最终谁强谁弱都很难说。

这个记者的提问很尖锐，其实是隐藏着陷阱的，不管是将自己跟人比较，还是将另外两个人放在一起比较，总是容易产生矛盾。一旦说不好，便成了话柄，为人所谈论了。

马云回答得就很好，他没有吹捧自己，没有给人一种狂妄的感觉，也没有去突出对手，让人觉得言不由衷，而是客观而事实地列出了几家公司的优缺点。这样，既回答了问题，又不会产生争议。

不管是公众人物也好，普通人也罢，总会遇到一些刻意挑事的问题，或者是一些问的人虽然无心，但回答不好便得罪人的问题。比如，两个女人哪个更漂亮。这时候，不管说谁漂亮都会得罪人，而如果给出一个含糊的答案，又会给人一种圆滑不真诚的印象。

此时，不妨用马云的方式，指出两个人各自的优点，但不给出最后的结论，让听者自己去想。这样既不会让被评论者感觉自己被伤害了，又能够很好地回答了问题。

在面对棘手的问题时，不要慌，口不择言是最不明智的选择。我们要思考哪种表述方式最恰当。当然，最重要的是，不要说出伤害别人的话来。

在面对别人的提问时，一定要想清楚那问题背后隐藏的意义，不要只看表面。有些问题表面是很简单的，但简单回答之后，问题就变复杂了。就像前面举的例子一样，两个女人哪个更漂亮些，就是一个简单的问题，只需要说出其中一个人的名字就可以了。但如果真的第一时间说出一个人的名字，那么这个问题就变得复杂了。另外一个一定会痛恨这个说话者，觉得轻视了自己，从而内心不满。

讲话，表面看是嘴上的事情，但其实是大脑的事情。只有时刻保持清醒，才能不说出让自己尴尬的话来。

面对责难，用事实回应最好

世事总不是都遂我们愿的，我们总会遇到这样那样的问题，会有人很直接地向我们提问，而且问题非常尖锐。有的是我们所不想提的事情，有的是直指我们的缺点。面对这样的问题的时候，怎么回答便考验一个人的智慧了。

有的人会暴怒，觉得对方是不怀好意的，是在针对我们，让我们难堪。可是用愤怒和不理性来对待这样的问题，除了让我们更加难堪之外，实在没有其他好处。有的则是回避问题，一遇到这样的问题之后，便顾左右而言他。这也不是好的回答方式。我们这次不回答，下次还会有人做出类似的提问。要知道，问题是不会因为我们不回答而消失的。它只会因为我们给出了具体的、让人满意的答案而消失。

因此，当别人提出尖锐问题的时候，回答还是必要的，但不要用情绪回答，而是针锋相对，态度上够强势，理论上够说服力才能回答，也才能将这个问题了结。

马云在接受《时尚先生》的专访中，就遇到过类似的问题。

记者：有一种说法是，卫哲事件后，暴露出阿里好的管理者的缺乏，是这样吗？

马云：什么叫作好的管理者的缺乏？

记者：那时就还是老陆(陆兆禧)去顶上。老陆好像就变成了一个什么都能做、四处救火的人。

马云：人的强项就是人的弱项，人的弱项也可以变成人的强项。你的弱项对别人来讲，可能是个强项。老陆是在公司里面结识了很多的人。我那天跟老陆打电话就在讲，老陆，干了不少了，阿里巴巴到支付宝，支付宝到淘宝，淘宝到阿里巴巴，该休息了，休息一年两年再说。做些务虚的事情。

老陆务实比较厉害，务虚得不够。我让他做些务虚的事情，虚的是最实的。虚的事情要实做，实的事情要虚做。这是对一个人的不同的训练。比方说老陆，淘宝高速增长，老陆刚好顺势而上。每个人都有自己的时代，什么时代就用什么样的人。再到一个时代就开始务虚了，老陆就缺口气了，那就练练虚去。虚实都能的人，才可以……只是你们看到的时候，老陆刚好被放在实的位置上去了。

这个记者提的问题就很尖锐，在他的问话中，直接带出了管理缺乏的字眼，虽然最后以提问的语气结尾，但一样会让人不舒服。面对这种问题，马云并没有表现出不快，也没有直接反驳回去说我们的公司没有任何管理上的问题。而是针锋相对，向对方也提了一个问题，那就是你觉得我们管理上有缺失，那缺失在哪个地方。等对方说出了具体的事情之后，再根据他的问话来回答，有理有据，不仅打击了传言，而且让对方无话可说。

这就是马云式的讲话了，以解决问题的方式来讲，而不是以发泄的方式来讲。

如果听了对方的问题后，直接来一句我们的公司没有问题，也许对方便不再追问了，但在听者的心中，这个问题依然存在。而这种先针锋相对地提问，搞清具体状况后再回答，自然更高一筹。

我们生活中肯定也会遇到类似的问题，不妨学习马云，不要先发泄情绪，而是先让对方将问题讲清楚，然后给予回答。这样才对我们更加有利。

当然，更不要回避，事情发生了，总是要解决的。如果对方确实是带有攻击性的，那么我们越是回避，他们的攻击性就越强。搞清他们的目的，然后给予回应就好了。要知道，面对尖锐的问题，逃避是最坏的选择之一。

自夸有术，从别人的角度夸自己

马云是一个商业精英，同时也是一个营销高手。他总是能够在第一时间抓住别人的注意力，让人听他的，为他所用。能够做到这些，就在于他那绝妙的口才。

马云能说，更是会说。一样的道理，他可以说得很简练也很有感染力。一样的故事，别人讲出来枯燥，但经过马云的口之后，便会生动起来。这就是马云的魅力，永远都能吸引到别人。

在营销上，马云也是有很强实力的。一般的人，向别人推销自己的商品时，总是说我们的如何如何好，觉得这样别人便会认可自己的商品。却不知，这并不是好的办法，因为人们在做决定的时候，考虑的并不是将要选择的到底有多么好，而是能够给自己带来多少利益，或者少去多少麻烦。如果总是从自己的角度讲的话，没人会感兴趣的。

在这方面，马云就做得很好，下面是他的一段讲话，我们看看马云是如何介绍自己的优势的。

我们第二步，是如何让那些诚信的网商富起来，邓小平说让部分人先富起来，我们希望是让诚信的网商富起来。

阿里巴巴希望让信用等于财富。几年前也是在网商大会上，我们呼吁银行全力支持中小企业，但是银行有自己的难处。谁没有难处？所有人都有自己的难处，它们的模式很难让它们真正地服务好网商、服务好中小企业。

所以，阿里准备在这里全面挺进，不是因为我们想挣更多的钱，而是我们觉得在这个时代，我们需要用互联网的思想和互联网的技术，去支撑整个社会未来金融体系的重建。

在这个金融体系里面，我们不需要抵押，我们需要信用；我们不需要关系，我们需要信用；我们不需要你挣多少钱，我们需要你踏踏实实地为客户服务。

两年的试验告诉我们，我们近几百名员工，完成了给15万家企业贷款，平均每家企业贷到的款是4.7万人民币，这只是刚刚开始，我们将用最好的技术，评价信用，让在座以及无数网商群体能得到金融服务。

因为你们是中国的希望和未来，对未来的希望，我们做出的只有努力和帮助。当然帮助大家也是帮助我们，我们不希望亏本，我们也不会亏本，不赚钱是不道德的。

“在这个金融体系里面，我们不需要抵押，我们需要信用，我们不需要关系”这句话，都是在夸耀自己的优点，但却能引起别人的共鸣。关键就在于他是在夸自己，却是从别人的角度夸的。很多人介绍自己公司多么好时，都是说我们有多少多少市场占有率，那是你们公司的事情，和其他人无关，所以你们的市场占有率再高，一样无法引起别人的共鸣。但马云的这几句话不一样，他所列举的自己公司的优点，都是跟用户息息相关的，都涉及了用户的利益。

当用户听到他的这几句话之后，脑海里马上就会出现这样的画面，开实体店要筹备注册资金，资金不够的还要找各种关系帮忙筹划。这些都是麻烦，而且是极其麻烦的。当人们的脑海中出现这些麻烦之后，自然就愿意选择马云了，而那些已经选择了马云的人则会表现得很庆幸，认为自己做了正确的选择。

这就是马云的营销术，不是从自己的角度出发，而是从别人的角度出发。当我们给别人带来便利的时候，别人就一定会认同我们。如果我们只是陈述属于我们自己的、与别人无关的便利的时候，那人自然不会认同我们。

没有人愿意为别人的优秀埋单，人们只愿意为自己的优秀埋单。所以若想要通过自己的优秀让人与我们合作，就要强调我们的优秀可以给他们带来便利。从这个角度来介绍，自然就可以很容易地将问题解决了。

层层剥笋，让听者自己说服自己

有人说，说话时“我”字太多的人，除非地位或者成就很高，否则一般不太会受欢迎。之所以如此，是因为每个人都在乎跟自己相关的事情，而不太愿意去用别人的思维来思考问题。因此，人与人交流的时候就容易产生认知错位。很多时候，你觉得有意思的事情，别人可能觉得很无聊，你觉得一件事对你很重要，但在别人眼里可能根本就微不足道。这就是总说“我”的人为什么一般不大受欢迎的原因了。太过于自我，忽略了别人的感受。

不过，有一类人却很特别，他们也常常以“我”开头，说话中也有很多“我”字，但却很受欢迎。这类人便是站在别人的立场讲自己话的人。

在这方面，最具代表性的，当属马云。熟悉马云的都知道，他在公共场合永远在讲述自己的事情，但却总是能够引起别人的共鸣，关键点就在于他能够将讲话技巧运用得十分娴熟。

2006年马云在人民大会堂小礼堂中国科学与人文论坛上做了精彩演讲，这里截取其中一段，让大家感受下马云是如何说服别人的。

再者就是使命感。使命感是非常重要的，阿里巴巴的使命就是让天下没有难做的生意，让他们挣钱，帮助他们省钱，帮助他们管理员工。新浪、搜狐、网易他们比我们幸运，他们可以模仿雅虎，但是阿里巴巴B2B是我们自己想出来的。阿里巴巴到底往哪个方向去？我郁闷了一个月，直到纽约论坛的时候我碰到克林顿夫妇，我向克林顿问了这个问题，他说这是个好问题。他说美国不管是军事还是经济都是全世界最大的国家，他说使命感驱动我这个当总统的往哪里走。

我们提出让天下没有难做的生意以后，我们就把这个作为阿里巴巴推出任何服务和产品的唯一标准。我们以前曾经说最少推出一个免费的产品，我们工程师和产品设计师、销售师马上想到免费搞得复杂一点，将来收费搞得简单一点就可以了。所以我们产品就越做越复杂，后来问我们的使命是什么，我们全体员工就说天下没有难做的生意，那为什么把产品搞得那么复杂？一下就醒了，我们就把产品做得非常简单。让客户越来越简单，把麻烦留给我们自己，这就是当时使命感的驱动。

然后再提出价值观。我们看很多公司内部是勾心斗角，尔虞我诈，包括跨国公司都恨不得手里拿一把刀。一个企业起来的时候一定要约法三章，管理50个傻瓜是最痛苦的，更痛苦的是管理50个聪明人，而且有才华的人都有一点怪异，大家都互相不服。所以我们提出必须要有共同的价值观，如果没有这个价值观这个公司一定会完。为什么梁山好汉一百零八将他们跑到山上不打起来？他们有共同的价值观，兄弟为大，他们有共同的使命感，替天行道。但是很遗憾，他们没有共同的目标。

阿里巴巴对所有的员工都约法三章，做人我们讲究诚信，我们更讲究激情、敬业；做事我们讲究团队精神，一切以客户为目的。

我们把这些细化和季度、年度考核结合在一起。

这就是典型的站在别人的立场讲述自己的话。我们可以看到，马云一直在介绍自己的公司，但其介绍的角度不是我们付出了多少辛劳，或者我们取得了多少辉煌的成就，而是我们为客户准备了哪些服务，这些服务是怎么来的。

这就是虽然在表述自己的事情，但却是从客户的利益出发的。因此，虽然马云说的是自己，但别人一样会有很深的认同感。因为马云的话关系到了别人的利益，有助于别人选择。这就是最高明的说话方式了。用展示自己可以在哪些方面帮助别人来介绍自己，才是最好的自我展示名片。

说话时，一定不要太过自我，要顾及别人的感受，最好是顾及别人的利益。只有这样，别人才会愿意听我们说，也愿意认同我们。如果我们讲述的永远是自己的故事，跟听者没有任何的关系，那么听者是不会感兴趣的。这种情况下，除非是我们的故事极度精彩，像一部刺激的小说一般，才能让对方的注意力全部放在我们的身上。可是，审视一下自己或环顾一下身边的人，又有谁能有这样的故事呢？所以，还是要多站在别人的角度上说话，这样才能引起彼此的共鸣。

善用对比和避免专业术语

不管是跟人聊天，还是给人做演讲，我们都会遇到这样一个问题，就是需要解释一个较为复杂的概念。这时候，就需要具备一定的语言表达能力了。如果表达不好，那么很可能变成虽然我们说了一大堆，可是听者还是如坠云里雾里，我们越说他们反而越糊涂。

要避免这种情况发生，就要尝试着锻炼用简单来描述复杂的能力。如果能够做到用简单来描述复杂，那么就可以在谈话中自由发挥了。而做到这点，需要一定的即兴能力，更是需要会比喻和类比，当然，还需要规避一些专业术语。

马云在这方面做得就很好。马云总是说自己的创业过程是一个不懂互联网技术的人在搞互联网。其实，马云这个不懂互联网的人也在向他的客户即另外一群不懂互联网的人介绍互联网。而且马云介绍得很成功，这就是他能够用简单表述复杂的功劳了。

2013年IT领袖峰会上，马云应邀做了讲话，他说：

> 大企业要有小作为，小企业要有大梦想。我们每个人都要去想想自己有了一些想法后，怎么把它变成现实。大企业的小作为往往是一个瞬间的小动作影响了企业未来发展的决定，影响了整个企业甚至社会变革。我想今天的IT界、互联网界存在一个巨大的问题，那就是动不动就爬到屋顶上讲大产业、大行业发展。
>
> IT发展到今天，我们不缺技术与思想，我们缺的是把这些东西变成现实。我们今天很多人用着IT的技术、思想，但是管理水平和思想却仍旧停留在20世纪。所以才出现如今IT做电子商务还在杀价，还是拼价格而不是拼价值。假如思想还停留在20世纪甚至5年、10年前，企业是不可能再活下去的。
>
> 这四五年，我参加了无数个IT、互联网论坛，很遗憾的是，我听见最少的东西是如何从组织、文化、人才上管理好一个IT企业、

一个互联网企业。决定一个生态系统的不是老虎、狮子和大象，而是微生物，决定一个公司的最好素质是你的基础员工招聘。从点滴做起，从自己做起，从你招聘的人做起，你才能从梦想回到现实。很多企业倒下去不是缺乏创新，不是没有人才，而是完全缺少管理思想。

另外，什么是企业文化？墙报、写文章不是企业文化，企业文化就是把企业写得有味道一点，不要把企业变成赚钱机器。我们需要把企业变成有情感的人，有情感就有朋友，有朋友的人生意自然好。有朋友也要讲原则，原则是什么？管理。什么是老板？老板的"老"就是老师，"板"就是规矩。没有这两样东西，企业是走不远的。

要真正把管理做好，把文化做好，管理、文化背后必须有强大的思想，没有真正的很好的思想，就没有办法把企业做大。西方的管理水平相当了不起，日本精致的文化管理也相当了不起，但是中国企业绝大部分是今天从西方学一点，明天从日本学一点，后天学一点传说的故事，整个商业体系管理是没有基准、相当混乱的。

我觉得中国真正有理想领导力的是道家文化，儒家思想是我们加强管理最好的东西，佛家思想是让你学会做人，因为领导力很强、管理能力很强的人身上一定有毒，有毒就需要佛家思想的空把它化了。在竞争过程中学习太极的博弈思想是相当了不起的。

在上述讲话中，涉及了几个方面的概念，但是马云都解释得很清楚。这就是用简单来表述复杂。话不多，但清晰，而且听起来很有趣。我们要锻炼的正是这种能力。

在表述一个复杂的概念的时候，思路一定要清晰，要知道重点在哪里，然后一点点条分缕析地靠近重点，有层次地展开介绍，自然就明了了。在过程中，加入些类比，同时不要用太多的专业术语。

一点点锻炼之后，便可以做到初步的清晰。然后拓展思路，巧用类比，就可以一点点像马云一样，很轻松又很有趣用简单的话来表达最复杂的道理了。

用技巧将经历讲得很动听

有调查表明，人们往往更喜欢听故事，而不喜欢听道理。由此，我们便可以得出一点，想要让自己的话语吸引人，就应该讲更多的故事。

其实，故事也是有分类的，有的是知识型的，有的是情绪型的，不过不管哪一种，只要讲得动情，都能够吸引别人。关键在于，我们如何储备那么多故事。显然，这是要花费很长时间的。

如果没有那么多时间去阅读、筛选别人的故事，也可以给人讲曾经发生在自己身上的故事，讲我们的经历或者我们朋友的某些经历。讲这些还有一个好处，那就是情感强烈，因为这是发生在我们或我们朋友身上的，对当事人的感受，我们有很深的了解。因此，讲这类故事也将会更动人。

选材的问题解决之后，就是讲述方式了，一定要将这些故事讲得很生动，这就需要一些技巧了。

我们都知道，马云一直在给大家讲述他和他的员工们发生的故事，讲得也很生动，而他取得的效果也是有目共睹的。

马云经常在阿里巴巴进行内部讲话，其中有很多经典，下面这一段就是如何用经历打动人的经典。

昨天晚上我还跟一个人讲过这个故事：当年我的大学有五个副院长，分房子时，那些副院长都在抢房子，就这个最年轻的副院长，他一点都不抢。我说你为什么不去抢房子，房子那么好，都100平方米了。他说我今年43岁，这帮人都五十几岁了，他们认为这是最后一班车，而我认为我刚刚开始。这就是眼光！后来他当到了厅长，又当到了副省长。

这就是眼光。我以前讲过的，有人认为：我们村我最大，我们村的房子这么高，我们家是最高的房子。可是，当你跑到上海，一看房子原来可以这么高，到纽约再一看，可能就要晕过去了。你没有出去看过，你没有见过大企业，没有见过真正的创业者、真正的领导者，就觉得你们家王二毛最厉害了，这就是眼光不对，眼光不对永远做不大。

眼光高的人胸怀才会大。我们在座的每个人，只有当手下的人超过你，你才能强大起来。比如我们的Tim是法律专家，有一天他的手下一定要超过他。公司希望拥有各种各样的人才，有各种各样的性格和脾气，这样的公司才是一个优秀的、文化灿烂的公司。

如果公司里面所有人都一样，就麻烦了。动物园里面的动物都是不一样的，才有人看，如果都是一样的，全是牛全是马，那是养殖场。我们不需要养殖场。你的胸怀就体现在各种各样的人都能够包容，最后你的技能一定不如你的手下，你的技能比手下强的时候你一定不是好的领导者。

工程师靠技术吃天下，比尔·盖茨技术比下面工程师水平高？不可能！泰森拳头硬还是教练拳头硬？估计泰森一拳教练就飘出去了，乔丹的教练连球都不会打，这个就是胸怀。管理学上面你要有一种差异化的竞争，你要拥有其他人没有的特质。

还有一点，技能很强的人，有能力的人一般都很古怪，所以我想告诉大家绝大部分能力强的人都是偏执狂，都是古怪的。这个古怪的人不能把心胸打开就永远不能成为真正伟大的领导者。我们这些人，如果走M系列（阿里巴巴员工发展序列，一条是P专业序列，一条是M管理序列）的人，甚至说到最后变成专业管理者的人，都要有胸怀。

作为一个领导，最可怕的是，拳头打了他十拳，他没有反应。这样，这个领导的抗击打能力、抗失败能力，一下子就激发起来了。大家都愿意跟着这个领导，一下子打了不要紧，抗击打、抗失败，勇于承担责任。

我永远希望阿里巴巴领导者有眼光、胸怀、实力。这些东西是没有办法的，阿里巴巴的人越来越多的时候，有眼光、没胸怀的人就成了周瑜。你心胸不够开阔，有什么好气的！

你说你恨死下面的人，下面的人都是饭桶，我今天告诉大家，阿里巴巴给你的就是饭桶，你们的职责是把他们变得不再是饭桶。三年以后他们若还是饭桶，说明你就是饭桶！本来大家都是平凡人，三年以后，这帮人还是饭桶，公司fault（失败）你fault，因为你没有把他们变成优秀的人。

原本一个很简单的故事，可是从马云的嘴里说出来，便很生动，能给人诸多启示。我们也要朝着这个方向努力，要学会将平实的话说得生动、感人，能够引起别人的共鸣。

一个故事，能够引起别人共鸣的，一定是那些最基本的情感，像马云讲他大学里院长的故事，其实讲的就是等待的重要性，说到泰森、乔丹等人的时候，其实讲的就是怎么用不如自己的人来提升自己。

这些故事之所以能够引起人们如此强烈的共鸣，就在于马云对故事的选取和讲述。首先，他选择的这些故事都特别恰当；其次，他在讲述故事的时候，没有平铺直叙，而是制造了强烈的对比。像说到泰森的教练自己并没有很高的实战拳术时，用了一个略显幽默而又夸张的说法：“泰森拳头硬还是教练拳头硬？估计泰森一拳教练就飘出去了”，这种夸张式的对比会引起更强烈的共鸣。如果直说泰森的教练不会拳术，那么就仅仅是在陈述一个事实，可是引入了这种对比之后，就会在人们的脑海中形成一个反差，一个拳术很差的人，竟然教出了一个拳术极好的人。而接下来乔丹的例子就不需要再这样了，因为泰森的例子已经营造了气氛，乔丹的例子只需要提供一种证明就可以了。这时候，直接说也没什么不妥，如果依然是制造夸张效果，反而觉得累赘。

我们可以看到，马云说话看似平常，但其实是有很高深的技巧的。学到这些技巧，自然对我们的口才有很大帮助。

让人愉悦地接受拒绝

一个人，难免不求人，也难免被人求。不管是求人还是被人求，有时候都不是一件愉快的事情。前者不愉快是因为我们要放低自己的姿态，祈求别人。后者让人不愉快则是对方所求的事情，我们未必能够做到，但又不好意思去拒绝。

这时候，就要看表达能力了。

一个真正的讲话高手，就是那种虽然回绝了别人，却并不会让那人感到不快的人。他们敢于大声说不，更懂得如何说不。

马云是一个语言高手，他不仅能够将别人喜欢听的话说得更加动听，也能将别人讨厌的话题讲得很有趣味，而且，马云还能做到让人愉悦地接受拒绝。

下面，我们就通过一段报道，看看马云是怎么做的。

马云就是一个敢于说不，也懂得如何说不的人。阿里巴巴的战略定位是跟中小型企业做生意，如果有大企业想要跟阿里巴巴合作，他们是不接受的。不过马云不会直接回绝对方，而是告诉他们自己不接受的理由，跟他们阐明，不合作对两者都有利。这样，对方也便会愉悦地接受了。

不仅对客户如此，对公司内部的员工也一样。阿里巴巴有很多老员工，按照一般人的理解，这些老员工都是在创业初期跟马云一起打天下的，是公司的元老，自然会获得更好的待遇。但马云却并不这么做，他对那些达不到要求的老员工，从来不会网开一面，一直拒绝给他们提升，总是将一些中下层的位置给他们。有人问起为什么的时候，马云说：“这是个死命令。一起创业的那18个人可以当连长、排长，但团长、师长以上的人，我通通从外面请。”

马云拒绝了很多人，但那些被马云拒绝的人并没有觉得自己受到了伤害。就是因为马云拒绝得很巧妙，很有理由。像对于大客户，他们是为了共同发展而来的，给他们讲清楚合作对双方都不利，对方自然明白，也便不会产生不愉快了。对于老员工也一样，给他们讲明白道理，让他们知道规则的重要性，他们也自然就懂得马云安排的用意了。

当然，更重要的是，马云一向就是一个有原则的人。人们好像都有这样的思维，遇到一件事的时候，去求两个人，一个是有原则的，一个是无原则的。在两个人那里碰了壁之后，总是会对有原则的人怨念小一点，觉得这符合他的性格，而对无原则的那个人怨念会更大一点。

所以，一定要做一个有原则的人，让周围的人知道，你一向是原则性很强的，有些事不管何种理由都不会做。这样，当你拒绝别人的时候，他们就会多一分理解。

当然，更重要的还是拒绝时候的态度和讲话方式。要诚恳地跟对方讲明自己拒绝的理由，告诉他们自己的难处，多做些解释。最坏的拒绝方式就是只告诉对方我们不想帮助他这个结果，而不去告诉他我们这样做的理由。这么做了之后，对方就会觉得我们不重视他们，如果我们拿出了一个可信的理由，任何人都会给予理解并安心接受的。

平静讲述曾经的失败，最动人

这世上的事情，从来都是说易行难。在讲述大道理的时候，我们每个人都可以发表出很多看似很有道理的看法，可是真正落实到行动的时候，往往就未必能够做到了。

而这时，麻烦就来了。如果一个人，整天指东指西，教训这个开导那个，可是当他遇到问题的时候，表现得反而比那些他曾经指导过的人还要糟糕，那么就会引来非议了。

面对这种情况，解决的办法有两点。一是放低姿态，不要总是以一个先知的模样出现在别人面前，更不要觉得自己什么问题都懂，什么都能帮助别人解决，这样自然就没有那么多困境了。二是坦然承认自己的不足。人是不可能万能的，这世上也确实没有万能的人。因此，承认自己在很多方面有不足，便会显得更真实，也会让我们所说的话更有可信度。

在一般人看来，马云是一个管理高手，也是一个讲话高手。因此一定不存在马云去给手下员工讲道理讲不通的时候。但是，马云却在一次回答别人的提问时自己爆出来了，他也曾有过失败的开导别人的经历。这种坦然不仅不会让人小看马云，反而会为他赢得尊重。

我们先来看看那个场景中，马云是怎么说的。下面是马云在《马云与80后面对面》中的一个小场景：

观众：马老师您好，您刚刚回答了两个问题，一个是最看重的是时间，第二个是最爱的是您的爱人和孩子。对我们80后、90后来说，特别是生活在北京这个生活节奏很快的城市，我想问的一个问题比较小。您是如何平衡您的工作和家庭的？谢谢。

马云：我前年有一次非常失败的跟员工的沟通，我们很多员工问我这个问题，生活和家庭怎么平衡？然后他们请了我还有我们几个人坐在台上也是这样，一本正经地跟他们讲生活和工作是可以平衡的，越讲越不对劲，晚上回到家我跟大家道歉，我说假话，因为我也没平衡。我是真没平衡，后来我发现，真正的创业者是平衡不了的，也不应该去平衡。

你如果选择了创业这条路，选择了希望往前走，你就没办法想平衡，你只是把自己把生活和工作融为一谈之间如何在里面获得乐趣而已。我告诉大家创业是很艰辛的，如果有人说我可以把工作和生活分得很开，我不相信他事业做得很好。我坐在马桶上、冲着淋浴的时候在想工作，但是我家人理解我，每天忙于工作，和家人疏远每天回家都生硬了，都是这样的。如果你选择了，我很抱歉已经在路上的你要走下去，要不然你离开。

我告诉大家李嘉诚现在还是每天早上忙死忙活地在忙，盖茨也一样，但他们不是在为自己忙。我以前有过很多的想法——年轻的时候，我学外语最大的理想是早上在伦敦吃早饭，中午在巴黎吃午饭，晚上在海滩边上走走，而现在，我发现我最讨厌的就是这样的生活，越大越累。你想的不是你得到的，你得到的不是你想的，但你把你得到的好好欣赏，这是你的福分，你可以为自己带来快乐，也为别人带来快乐是挺好的。想清楚了，这是你的命。我想清楚了。

坦然承认自己的失败经历，不仅让一个人显得更真实，也让人觉得他的话更加客观、可信。因为人们会觉得，这个人连自己的缺点都肯暴露给别人，那么他的立场就一定是偏向客观的，不会带有太多的感情色彩，从而便会更加相信他。

这也是一种讲话的智慧。不要往高大的方向打扮自己，那样反而显得我们很渺小。凡事有什么就说什么，坦承自己失败过并不可耻，如果能够讲述出自己在那次失败中总结出的一些经验和教训，反而会让人觉得我们聪明。

有人觉得在众人面前承认自己的不足，是没面子的。却不知，在众人面前承认自己已经改正过的不足，是可以给我们大大加分的。面对自己曾经的失败，不要太过介意，大胆讲出来，不仅不会让我们显得渺小，反而更显出我们的高大。

棘手问题是挑战，也是展示自己的绝好机会

生活中，我们总是会遇到一些这样那样的问题，有的是我们觉得很高深的，听不懂的，有的则是我们觉得很幼稚的，不屑于回答的，更有的是我们觉得很棘手的，不知该如何回答的。怎样面对这些问题，成了很多人的烦恼。

一般来讲，很多人在面对陌生人所提的，自己看来很幼稚的问题时，有的表现是不屑，觉得对方太蠢笨了；有的相对比较极端，觉得那就是来挑事的，于是给予呵斥和反驳。这些都是不好的。

在这方面，马云做得就很好。在面对别人的质疑的时候，他也会有驳回的时候，但并不总是如此，而是先分清对方提问的目的。对方是真的不懂还是故意找麻烦，对于后者，他会直接反驳回去；而对于前者，则会耐心讲解，给对方以正确的答案。

在做客《对话》栏目的时候，马云就遇到了这样的问题。

观众：马总一直在说阿里生态圈的问题，现在我在淘宝上做，因为去年我看到一份数据，2012年的电商，中国的电商B2C市场包括天猫在内的9家网站，占据了95%的市场份额，我觉得这是一个很可怕的事情。

马云：你说的95%，今天的电子商务跟当年的区别跟美国的区别是很大的。大家讲，很多人可能会讲到垄断，互联网时代，规模化实际上来讲是降低整个社会的成本。互联网越来越透明，所以对垄断这两个字大家重新思考，我们的目的是降低整个社会的成本，让社会所有的商业环境更加透明、公正和开放。美国几乎每家公司都有IT的人才，美国的整个IT的设施设备非常好，所以每个公司都可以单独做自己的网站。我今天是这样，我第一天定位是小企业，小企业没有IT人才，小企业没有这样的研究，小企业没有这样的投入，这是全世界只有中国才会有的独特的现象。

所以如果我小了，就没办法帮别的小企业。今天跟10年前做电子商务的差异是什么？10年前做电子商务你没有流量你得自己干，没有快递你得自己建，没有支付你得自己建，今天已经有流量了，已经社会化了，已经有快递了，怎么用别人的快递？已经有支付了，为什么不用别人的支付？

这就是一个典型的例子。关于市场份额决定了什么，预示着什么，马云自然是了然于胸的。可是会员们却有很多人不懂得其中道理。这时候，如果是一个不懂得如何讲话的人，多半就会觉得对方过于蠢笨，而且用他的蠢笨和臆测伤害了自己。因为对方提问的时候对阿里巴巴所占市场份额太多表示了担心。但马云明白，这不是来找麻烦的，而是真正没看清这其中的道理，于是给予了耐心的解答。这样，不仅那位会员会懂得其中的含义，马云也从侧面向其他人解释了：阿里巴巴占的市场份额虽然多，但并不是垄断，大家无须担心。

人们有担心，有疑问，很多时候是杞人忧天，不过既然他们提出来了，就说明确实是有些地方沟通不畅。这时候，不要太过严苛，必须要求他们有一颗聪明的头脑，永远不做杞人忧天的事情，而应给予耐心的解答。这样不仅让对方满意，也提升了自己的格调。

当有人质疑我们的时候，并不一定就是故意针对我们，更多的时候可能是因为想要了解我们。就像那位观众，他并不是觉得阿里巴巴所占市场份额太大说明阿里巴巴存在垄断，而是关心阿里巴巴未来的发展。他是因为关心才这样的，如果这时候觉得他的话有些地方让自己不舒服或唐突了自己而直接驳斥回去，反而不好了。

不管说什么，跟谁说，怎么说，都要顾及语境问题。只有符合语境的回答，才是好的回答。

第8章

不求说服背后骂我的人，但要说服眼前质疑的人

想要吸引注意，先要掌握他人心性

想要让自己的话能够吸引别人，不仅在于懂得很多讲话技巧，更在于说心里话。在面对一个人的时候，每个人都有一定的判断，很容易就能够听出对方说的是实话还是在说谎。很多时候，一个人觉得他骗过了对方，其实未必，大多时候不过是对方不愿意揭露他的谎言罢了。这时候，虽然对方也会微笑点头，但此次交谈之后，便不会再往来了。这就是失败的交流。

真正成功的交流，不仅是让对方认同我们的话，更要认同我们的人，认同我们的心。这时候就要靠心与心的交流了。不要害怕，也不要保守，大胆说出自己的心里话，跟对方坦露心迹，更容易赢得别人的认可。

马云的成功就在于他敢说真话，也经常说心里话。正是他的这种真诚让人们对他产生无限的认同和热爱。一个口才再好的人，如果他从没说过心里话，一样是无法得到别人的认可的。

在2010年中国地方与行业网站峰会中，马云做了精彩讲话，他说：

早上我在上海，有人问我一个问题，当前中国互联网的三座大山压制了小的互联网企业的发展，问我怎么看。我在深圳的互联网大会上讲过，有人给我提出意见：马云都是你的淘宝网把我们所有的创新整坏了，使得我们的电子商务B2C这样那样的不能做。

我首先告诉你一个坏消息，淘宝不会停下来等你，淘宝还会越来越大，越来越大。但是告诉你一个好消息，或者是一个我自己的观点，不是把村里的地主斗倒了村民就会富起来。互联网怎么发展，人类社会怎么发展？大家想一想技术的发展。20世纪我们看到微软的时候，心里觉得这么的恐怖，有了微软这样的企业，我们还能发展起来吗？很讨厌自己生活在了这个时代。还有后来出现了雅虎和Ebay，甚至后来出现了谷歌，然后又出现了Facebook，是不是这些活儿都被他们抢光了，容易干的活儿都被干光了？有了新浪网易就没有网络公司了？今天又出现了新的一代。我想无论是阿里巴巴还是今天的互联网，都会被中小网站打败，我们被打败之后中国的互联网才有希望。这不是互联网的精神，互联网的精神就是更加的开放，更加的透明，更加的分享，更加的承担责任，更加的全球化。所以我想来这里是向大家学习，在你们的身上，我不想说虚伪的话，因为你们今天的创新能力一定是超越了我的，但是创业是很艰辛的，很多人都想创业。我认为100个人创业，95个人死掉了大概是声音都没有听见，100个人是95个人死掉了，还有四五个人是你看着他死的，可能只有一个人能活下来。这个人活下来，不仅仅是因为他聪明、能干、勤奋，还有很多的机缘，就是感恩社会的支持，有好的时代，好的朋友，好的投资者和好的客户，还要有敬畏之心。社会的变革，很多的发展不是你所能想象的，一定比你想象的要复杂。很多人想学今天的腾讯，今天的百度，今天的淘宝，其实每家公司在成立之初，都会有很多的委屈和难过，有了上顿没有下顿。今天碰到了管理的问题，明天碰到了资金的问题，后天又碰到了其他的问题，我们都碰到过，我们这代创业的人都碰到过这些问题，只是我们没有放弃。有人问我，运气从哪里来？运气从感恩之中来；运气要怎么抓住它？要有敬畏之心。不要认为你抓住了一次机会，还会抓住第二次机会。要挑最容易、最快乐的事情去做，切记不要去找最重要的事情去做。不要在沙漠里面找最深的井，而是你挖了有七八口有水的井之后再挖一个有战略意义的井。

一段话，句句恳切，一听就是发自内心的，因此它能够让听者引起共鸣。当引起听者共鸣之后，就说明言说的人成功了，这就是埋露心迹的作用。可以瞬间拉近心与心的距离，让别人从内心深处认同我们。不要觉得跟别人说心里话是难为情的，其实，那是一种最真诚的交流方式。跟别人坦露心迹之后，便会发现，这世上到处都是真情。因为我们的真诚会感动他们，从而跟我们分享他们内心的真实感受。

用强势口吻营造气场

说话不能假大空，要说真话，不要总是豪言壮语，这就是我们要秉持的标准。不过，有时候，如果语境需要也可以稍微做些改变。但是，要切记一点，不管如何改变，假话都是不能说的，真实，是永远都不能变的原则，哪怕是不得已的假话也不值得提倡。

一般来说，在需要营造情感氛围的场合，说一些豪言壮语是可以的。因为这时候群体的气氛需要点燃，那么我们必然要做一些贡献。不过这时的豪言壮语也是有讲究的，要谈自己的理想，不要刻意吹牛。吹牛就不好了。

要明白，谈自己的理想，传递出的是一种勇于追求的精神，是在表现一种大无畏的胆识，旨在唤醒人们内心中的能量，激起人们奋斗的热情。而吹牛式的豪言壮语则不同，那是一种刻意表现自己的虚伪，是不值得提倡的，甚至都不应该去做。

在传递梦想方面，马云自然是佼佼者。很多人都说，马云就是靠贩卖梦想起家的。这并不是贬义，因为一个可以贩卖的梦想，必然是一个可以实现的梦想，这样的梦想是值得尊重的，也是我们应该追求的。

而且，这样的做法不仅激起了别人奋斗的热情，也让言说者显得更加霸气，有气场。下面就看看马云曾经的一段讲话。

奋斗的动力是什么？不是财富。我是商业公司，对钱很喜欢，但我用不了，我不攒钱，我没有多少钱。从大的方面说，我真的就想做一家大的世界级公司，我看到中国没有一家企业进入世界500强，于是我就想做一家。

如果我早生10年，或是晚生10年，那么我都不会有互联网这个机会，是时代给了我这个机会。在制造业时代，在电子工业时代，中国或多或少都错过了一些机会，而信息时代中国人有机会，我们刚巧碰到这个机会，我一定要做，不管别人如何说，我都要做下去。我觉得中国可以有进入500强的企业，我们学得快，在这个过程中，勇者胜，智者胜。

从小的方面说，既然出来了，那么就得做下去。89元的工资我也拿过，再过10年，可能我连平均生活水平都达不到。我不喜欢玩儿，有人为了权力，有人为了钱，但我没有这种心态。

> 说实话，为自己，为这个国家，为这个产业，一个伟大的将军，不是体现在冲锋陷阵的时候，而是体现在撤退的时候。在网络不行的时候我真正体会到了如何做企业，2000年以前我没有做企业的感觉，而现在我觉得自己是在做企业，而不是做生意。

“我看到中国没有一家企业进入世界500强，于是我就想做一家。”“我觉得自己是在做企业，而不是做生意。”这是两句非常霸气的话，同时也是两句非常有感染力的话。我们每个人的内心都藏着一个野心，都幻想着自己能成为改变世界、受众人敬仰的人。把这种话说出来并不丢人，而且，也会让我们显得更加霸气，更有气场。

要懂得，真正的霸气是把自己的宏愿表达出来，而不是发狠斗勇。人们之所以觉得马云有强大的气场，可以掌控局面，就在于他敢于传播自己的梦想。

不过，也要注意，不要总是将自己的梦想挂在嘴边，还是要分场合的。我们可以看到，马云在演讲的时候，霸气更多些，因为那是众人云集的场合，需要一种氛围，而在回答单个记者或观众提问的时候，还是以务实为第一标准的。这就是一个度的问题。

豪言壮语不是不可以说，但是要分场合。场合用对了，就可以提升我们的气场，让我们得到更多人的认可和尊重，场合不对，或者不管什么场合都将豪言壮语挂在嘴边，我们便成了讨厌鬼了。

语气坚定，听众才会放心

说话的内容重要，语气更重要。如果仔细观察，你就会发现，一般声音比较大的人，更容易给人一种强势的感觉，而唯唯诺诺、声音极小的人，则多给人懦弱的感觉。这就是音量对个人形象的影响。除此之外就是口气。很多人觉得跟别人说话应该用商量的口气，这是不错的，这样会显得更有礼貌，但如果总是用这一种口气，也不太好，别人会以为这个人好说话，从而不太愿意听他的指挥。而在给人讲道理的时候尤其如此，说得柔和一些、不确定些，会显得更严谨，比如加上些“应该是这样”等，在严谨上会有所提高，但一般给人的冲击力不够。

如果想要让别人认同自己所讲的道理，就要用坚定的语气，要给人一种不容置疑的感觉。只有这样，我们所说的话才有力量。

当然，用这种语气说话也是需要场合的。如果是用来激励别人，自然要这样，如果仅仅是普通的朋友聊天，那就大可不必了。跟客户谈的时候可以偶尔这样，表现出我们对自己产品的自信，跟朋友争论道理的时候就不必这样了，自然讨论就好。

分清场合之后，就要掌握具体的操作方法了。我们来看看马云在演讲中是如何用坚定的语气让大家认同他的看法的。

创业者没有退路，最大的失败就是放弃。今天很残酷，明天更残酷，后天很美好，但绝大部分人死在明天晚上，所以每个人都不要放弃今天。

很多人比我们聪明，很多人比我们努力，为什么我们成功了？

难道是我们拥有了财富，而别人没有？当然不是。一个重要的原因是我们坚持下来了。

我想告诉大家，创业、做企业，其实很简单，就是要有一个强烈的欲望。就是说：我想做什么事情？我想改变什么事情？当你想清楚之后，你要永远坚持这一点。

为什么我的座右铭是“永不放弃”？因为这世界上最大的失败就是放弃，放弃其实是最容易的。所以我想讲的是，活着就是胜利。这个世界上最痛苦的是坚持，而最快乐的也是坚持。

我一直认为，人一辈子都在创业。以前深圳有一个口号叫作“二次创业”，我不太同意这个。同一批领导是没有办法二次创业的，因为从第一天创业起你就一直在创业。

互联网进入冬天的时候，我们第一没有品牌，第二可用资金非常少，整个市场形势不是非常好，大家听到互联网后转身就跑。当时很多人进来，也有很多人出去。我记得有一位年轻人，刚刚进入公司时我跟他说希望最艰难的时候坚持下来不放弃。

这个年轻人说：“我记住了，5年之内我绝对不会走。”这5年来和他一起来的人都走掉了，当他快坚持不住的时候我就跟他说我记得他当时讲的话。现在他坚持下来，无论他的做事风格还是他的财富都已经非常成功了。

在长城上我们说要建立一个中国人创办的、全世界最好的公司，在最困难的时候，我们永远要回忆这些东西。我不知道该怎样定义成功，但我知道怎样定义失败，那就是放弃。如果你放弃了，你失败了；如果你有梦想，你不放弃，你就永远有希望和机会。

这几段话，给人一种坚定有力的感觉。这就是用坚定的口气说话的好处，让人觉得说话者是不可置疑的。它表达的不仅是一种观点，更是一种态度和一种气场。有了这个态度和气场之后，听者自然就将我们高看一眼，觉得我们所表达的是正确的了。

人不可以自负，但是却要有一定的自信。而表达自信、培养自信的最好方式，就是用坚定的语气来述说自己的想法。这样的人，才能得到更多人的认可。因为这是领导气质的关键所在。

想要培养自己的气场，不妨先试试让自己的语气坚定起来。

不求说服背后骂我的人，但要说服眼前质疑的人

人活一世，总是不能让所有人都满意。我们身边，会有特别爱我们的人，像我们的家人、朋友，也会有一些讨厌我们，至少是有些厌烦我们的人。这都是很正常的，每个人都会遇到类似的情况。反而是那些没有任何人觉得他讨厌的人，显得不正常。

但是，虽然这是正常现象，我们还是会希望不认同我们的人越少越好，这时候就需要去说服了。

不过，那些不喜欢我们的人，也常不会当着我们的面表达出来，而总是在背后跟别人说他们对我们的不喜欢。等我们接收到这个信息的时候，可能已经是很久之后的事情了，而且大都是从别人的嘴里听来的。

这时候，我们无法去面对那些对我们提出质疑的人，但却可以通过自己

的解释，让眼前这个传达的人认同我们，让他觉得我们是好的。

马云在接受《时尚先生》的采访时，就曾用过类似的方式来回答问题。

主持人：你刚才讲到，社会上也会有讨厌马云的人，但是我从外部观察的角度来讲的话，这些人大部分是从2011年之后开始出现的，你觉得原因是什么呢？

马云：其实一直都有。只是2011年之后，发生了几件事情。当然，所谓的正义之士就是在支付宝的事情上对我咬牙切齿，他们觉得我这个人背信弃义，违背契约精神，好像我要干掉整个中国互联网，把VIE跟我扯上了关系。

大善乃大恶，大恶乃大善。你在做这件事情的时候，你心里明白，什么时间你能补回来。就像2007年，我做雅虎40%股权的时候，我知道，40%都被人家控制了，将来就惨了。关于这一点，孙正义最明白。那天我对孙正义说：好，我马云是个背信弃义的人，是违背契约精神的人。但如果我能找到一个人，我总共投了三四千万美元，但能够拿回来150亿美元的回报，那么，我很喜欢能找到这样一个背信弃义的人来。孙正义说，是啊，我找到了。到今天为止，他总共投了五千万美元不到，拿回了近4亿美元现金，还有30%以上的股份。要是能找到这样一个人，违背契约精神，我也很高兴。对不对？

我们不是这样的人。但在做这件事情的时候，话语的主动权不在我们这儿。我们在做事，别人在说事。说的人最容易，而且前面先定论你就是这样的时候，你说不清。又刚好吻合微博刚刚起来的时候，所有的人一致认为这社会上都是坏人。

时间会证明一切。所以，恨我的人，我没有办法让他们happy。我也没有办法让所有人都喜欢我，我也不希望所有人都喜欢我。你喜欢我干吗？和我有什么关系？我老婆也只能娶一个，对不对？

马云知道有很多人不喜欢他，也知道自己可能永远都无法让那些不喜欢他的人喜欢上他。但是马云明白，自己可以通过解释，让一些不了解自己的人，至少让在自己眼前的人喜欢上自己。

所以，马云的回答与其说是针对那些骂他的人的一种解释，倒不如说是说给现场的人听的。他不需要那些骂他的人喜欢他，但必须要让现场的人了解并喜欢上他。

这就是一种处世智慧了。不要让自己看不到的人或事影响到自己，而是要牢牢把握住眼前的人和事。将我们能够得到的拿到手，才是真正的聪明，如果我们能够得到的不去争取，反而青睐于我们所得不到的，那么只能是给自己带来更多的麻烦。

在跟别人解释的时候也一样，比如一个人在背后诋毁你，然后第三方将话语传到了你的耳朵里，这时候不要急着去诋毁那个说你坏话的人，而要表现出一种大度和包容。这么做的目的不是原谅了那个在背后的诋毁者，而是给眼前的这个人留下一个好的印象，这样我们就会多一个朋友而少一个敌人。

不要义气用事，那样只会让我们堕入情绪的深渊，从而做一些于我们不利的事情。不管是说话还是做事之前，总要好好思考一下，找到对自己最有利的，再去做。

人们更愿意相信一个有原则的人

很多人觉得会讲话就是让听者舒服，因此得出结论：只要是让人听着舒服的话，便是可以说的，即使那话是假的或者违背自己原则的也无所谓。其实，这是不对的。会讲话的标准不仅是让听者舒服，更是要让说者舒服。如果我们取悦了别人，但是违背了内心，让自己陷入矛盾和苦恼中，也是大可不必的。人们应该学习的是如何让真话听起来不那么刺耳，而不是为了不伤害别人，为了不让别人不舒服而去说些假话和没有原则的话。

在这方面，马云曾做过评论，他说“讲真话很重要，还有就是要坚持原则”。马云确实是一个讲真话的人，也是一个坚持原则的人。他也因此而让有些人不喜欢。但他并没有做出改变，还是按照自己的方式来。这不是固执，而是懂得坚持原则。

一个人，如果连原则都能够放弃，那么还有什么是他在乎的东西呢？一个什么都不在乎的人，必然是大家都不敢相信的人。

所以，生活中，要给别人带来快乐，同时也要让自己保持快乐。所以不要牺牲自己而去刻意取悦别人，该坚持原则的时候就要拼命坚持原则。

在一次商务会谈上，马云曾经说：“我认为应当锁定自己的客户，我们的客户是中小企业、创业者，这是我的定位。我锁定的中小企业，如果大企业来，我原则上不做这个生意，没有办法做。中小企业刚用阿里巴巴网站的时候，可能资产是三五百万，可能后来变成了几千万或者上亿元，但是我会说，你变成了上亿元后就要去找别人了，我只做中小企业和电子商务。一个教师，在他不能教小学的时候，中学也是可以的，大学也可包揽下去。我们的水平就是这样的，因为我们在想清楚客户是谁的情况下，就要锁定市场，去做该做的事情，在利益和诱惑的面前就要学会说no。”

这就是马云的原则。他阐释了自己对客户的理解和定位，不仅分析十分到位，而且用坚定的语气诉说了自己的原则。这不是在得罪人，而是在为自己、为员工以及为现在的用户负责。在这些面前，那些大企业能够给他带来的利益，是不值得一提的。人就是要分清哪些事是真正重要的，是我们所不能割舍的。在这些面前，我们不能有半点犹豫，就是要坚持原则。如果不能在这些面前坚持原则，那么迟早会因为这也想要，那也想要而最终什么都没有得到。

处世圆滑，是很多人眼中的成熟，不过这份成熟是不健康的。真正的成熟是圆融而不圆滑。所谓圆融便是在原则允许的范围内，将事情做到最好。而圆滑则是只要能将事情办成，便不惜原则。前者是一个智者在展现自己的魅力，后者则是一个钻营者在追寻利益。两者的境界高下，一目了然。

我们一定要有这样的认识，原则是重要的，是不可抛弃的。如果我们抛弃了原则，那么别人就会抛弃我们。到时候，只能是孤家寡人一个，再也没有了朋友和伙伴。

而且，当面临违背我们原则的人和事情的时候，一定要大声说出自己的原则来，不要遮遮掩掩，也不要不好意思。要明白，我们因为不好意思而违背了原则，那么我们身边的人，便会违背我们。那是得不偿失的。

原则重要，坚持原则却并没那么简单。尤其是在经受诱惑的时候，很多人是非常容易放弃自己的原则的。这时候，就需要培养一点定力了。要有坚持梦想、追求梦想的一股子力气。持有梦想，是坚持原则的动力之一。一个追求梦想一路前进的人，是一定能够保持原则的。因为如果违背了自己的原则，他的梦想也就没有意义了。

总之，不管是遇到什么问题，原则都是第一位的。要大声地将其说出来，不要因为不好意思而说出放弃原则的话来。

说得越多，对的可能性就越大

其实，很多人之所以讲话能力不高，不是他们没有讲话的天赋，也不是他们性格不讨人喜，而是他们根本就没有想要表达的意识或者欲望。

有些人是谨小慎微的，遇事畏畏缩缩，遇人唯唯诺诺。之所以会这样，是因为他们在内心给自己设定了一个限制。这样的人大都是爱面子的，或者有些自卑的，因此他们特别害怕在人前出丑或者犯错。而想要做到不在人前出丑或犯错，最好的方式就是不说话，我们不张嘴就没有说错的可能了。

然而，这样虽然让我们不至于说错了，但同时也阻碍了我们跟别人的沟通，让别人无法真正了解我们。这是弊大于利的。

要想获得别人的认可，就要大胆地去说。这世上没有完美的人，如果一个人各个方面都很完美，反而会让人觉得这个人不真实。因此，做错事或者说错话并没有什么，这是每个人都会出现的状况，也是这个世界该有的状况。

关于这些，马云曾经表达过他的观点，我们先来看一看。

> 马云曾说：“语言是用来交流的，不要怕说错，也不要怕丢脸！临阵磨枪总比不磨强！在任何关键时刻、任何压力下都不要放弃，因为放弃是人生最大的失败！要用欣赏的眼光看自己的弱点，看别人的优点。”
>
> 马云曾经告诫创业者：“第一，你想干什么。不是你父母让你干什么，不是你同事让你干什么，也不是因为别人在干什么，而是你自己到底想要干什么；第二，你需要干什么。想清楚想干什么的时候，你要想清楚，你该干什么，而不是你能干什么。”

可见，马云是鼓励人要大胆说话的，而马云本身，确实是秉持着大胆说话的原则的，他从不避讳什么，也从不掩饰什么，只要是想到的就大胆说出来。他的话当然也有不符合道理的，这是谁都不可避免的，但我们发现，绝大多数时候，他的话都是对的。其实，我们也一样，觉得自己一说就会错，这不过是由于内心不自信罢了。如果大胆去说，我们也一样会是正确的时候多。

良好的表达不仅需要技巧，还需要时机和机会。有时候，一个非常深刻的道理得到的依然是不认同，就在于时机没有找对。这世上没有绝对正确的话，只有绝对适合的话。不说话是不可能产生绝对适合的话的。

或许，在锻炼口才的初期，我们犯的错误会多一点，这不奇怪，也不可怕。只要大胆，敢说，总会成长的，成长之后，错误自然就越来越少了。

说了不一定对，但不说绝对不可能产生对。做人就要做一个自信、大胆的人，就要坚持去表达。我们表达得越多，我们获得正确的机会就越多。况且，口才本身就不是天生的，也不是一朝一夕就可以练成的，是需要我们不断去犯错，然后改正，才能慢慢成长。

不要在自己的内心给自己设定太多的限制，而是要勇敢地说出自己心中的想法。一个连自己心中想法都不敢说的人，必定是一个一事无成的人。

关于马云的成功，很多人都给出过自己的分析，有的说他碰到了最好的机遇，有的说是靠他强大的管理能力，也有人说马云能够成功就在于他的坚持。其实，这些都对，但还不足以概括所有。马云之所以能成功，还在于他的大胆，他善于表达，更敢于表达。只有敢于说出自己所想所要的人，才能够引起更多人的注意；有人关注了，自然就拓展了自己的资源；资源广了，成功也就指日可待了。

凡事都是做出来的，不是等出来的。等到的只能是遗憾，不可能是成功。所以，如果有想要去做的事情，就马上去做，不要害怕失败。讲话也一样，有想要说的话，就大声说出来，不要怕说错。如果总是害怕说错，你也就永远失去了说话的机会。

告诉别人“我说的，就是对的”

很多人都容易受别人影响，用一句俗话说就是耳根子软。一件事情，本来他已经下了决定了，但是别人提出一点不同的意见，有的甚至只是有人从不同视角阐释了一下，他们就开始怀疑自己曾经的决定了，从而开始动摇、犹豫，最后白白浪费了时间。

这样是极不好的，不管做什么事情，都要相信自己，要坚持自己的看法，不要总是轻易动摇。要明白，我们并不比别人差，别人也不一定就比我们强。更重要的是，我们做决定的时候往往是经过深思熟虑的，是了解我们要做的事情是什么样子的，而给我们提意见的人，未必就会了解。这时候盲目改变自己的做法，是弊大于利的。

不仅做事如此，讲话的时候也是一样的。很多人在一些事情上都有属于自己的独特的观点，也常常会表达这种观点。可是当有人提出一点怀疑之后，便开始犹豫了，想自己是否错了，于是开始改变自己的观点，不再说以前常说的话了，这也是不好的。

在一次面对内部员工的讲话中，马云告诉大家：

三四年前，公司内部有一个重大的问题，有一个人带进一个想法，直销下去会不会成为公司的负担？当年TCL靠直销，爱多DVD靠直销，全是靠直销打天下，结果这些公司全被直销搞瘫了，我们阿里巴巴是不是要搞直销，要发展多大？我们变成维持直销，不多做直销，迅速向新的模式转型。我们今天发现当时的讨论是一个错误，我们的直销跟TCL的直销是完全不一样的。你们更像是电子商务咨询师，中国需要10万这样的人。中国有多少企业？4000多万家企业。将来中国内贸电子商务市场，每个企业一个月起码花5万块钱，今天诚信通只卖2800元。他们一定需要大量的直销培训。我们前几年投入不够，当时讨论的也不够。我们今天告诉大家，我们已经调整过来，继续大力建设我们的铁军直销团队，培养优秀人才，但是不要变成直销人员，而是变成电子商务的咨询师，让他们学会怎么在网上促销，怎么在网上卖关键字，怎么在网站上做网页等，从而使自己由纯销售变成电子商务咨询师。

卫哲也讲过，一位世界级的业务员，一年营业额应该是200万美元，所以你要选择做销售这个职业、这个行业，要成为世界最好的营业员，按照这样的模式，达到200万美元从而成为世界上最好的销售。除此之外，我们还要大量投入直销建设。当然你说卖了一架飞机，那个不能算。我们现在的套路可能还需要调整一下，戴珊（阿里巴巴创始人之一）过来以后，大家一起讨论了创新模式。我们必须面对今天的形势，我们有很好的东西，也有很坏的东西，你们疲惫了，我也疲惫了，真的很累，但是我觉得我们还要往前再挪动一步。这就是他跟平常人的区别。你们比绝大多数的人厉害和伟大，是因为当时加入进来的那么多人都放弃了，你们没有放弃，既然不放弃，为什么让自己不再往前走？所以我在上市之前最担心的是你们。我理解你们，跟我一样，真的很累，但是我担心人的累变成心理上的累、行为上的累。最后很多人看着你，这个老员工每天活儿不干，指手画脚地说话，开的车比我们好，占着位置还不肯走。当这种情况出现的时候就是公司的灾难。

人要自信，更要坚持自己。要对自己有一个清晰的判定，要懂得坚持自己的观点。如果我们今天表达的是一个观点，而明天又换成另一个观点，那么在别人的眼里，我们就是一个善变的人。不管我们说什么，别人都不再相信我们。那时候，即使有再高超的表达技巧，一样无法重新让别人相信我们。因此，给人一种始终如一的印象是非常重要的。

随身携带不盛气凌人的狂傲

俗话说，人要有傲骨，但不能有傲气。意思是一个人要有充分的自信，要相信自己，有尊严感，但不能太过狂妄。不过，还是有很多人分不清傲气和傲骨之间的差别。简单来说，傲骨就是要自爱、自信、自强，但不要通过贬损别人来表现这种自信与自强。

一个遇事不服输，面对困境不放弃的人，就是有傲骨的人，因为他们狂傲所以生活无法将他们打败。而一个只会凸显自己，处处以贬低别人来显示自己，至少是骨子里瞧不起别人的人，就是有傲气的人。前者是生活中的强者，后者则是彻头彻尾的讨人嫌。

做人就做有傲骨者，而不要做傲气者。

马云就是一个有傲骨的人。如果你对马云足够了解，那么你一定会明白，马云是很狂的一个人。但马云狂得不讨厌，因为他向来都是在命运和现实面前狂妄，而在其他人面前保持平和。马云的狂不是觉得别人都不如自己，而是马云从不认为命运和现实能够打败他。这份面对生活永不服输的勇气，就是真正的傲骨。

马云曾做客央视《新闻会客厅》。在那次访谈中，马云的许多表现都很好地诠释了他的个性：身带不盛气凌人的狂傲。下面是其中的一个画面。

主持人：你觉得当别人说你是疯子、骗子、狂人的时候，对你都是某种程度上的冤枉吗？

马云：我自己看来觉得我并不是疯子，我也不是狂人，我更不是骗子。

主持人：但人家说你的时候你怎么看，你笑而已？

马云：我觉得挺好，你得用结果去证明你不是。1995年我们做互联网，人家认为我们在说一个不存在的故事。但是到1995年8月份，中国电信一推出互联网的时候，我就证明了这世界上确实有互联网存在；别人都不相信电子商务，不相信中国的B2B和全世界B2B能够存在的时候，我们花了四年时间来证明B2B确实有这个市场。直到今天为止我们提出来，我们希望把这个中国人创办的公司带成全世界最好的公司，别人认为你太狂妄，你怎么想打进世界500强！想想也不要钱的，想想也不犯罪，你连想都不想怎么去做？你想了以后，然后你一步一步踏实地建立优秀的梯队去做。人家说你是狂人，你天天去解释我不是狂人，人家说你是疯子，你天天解释你不是疯子，那你就没时间做事儿了。

在这段话中，马云的狂傲体现得淋漓尽致，可是，却并不会让人们感觉讨厌。原因就是他是在向生活喊话，在向命运喊话，而不是在抬高自己、贬低别人。

我们一定要明白，一个在生活面前不屈，能够将生活踩在脚下的人，才是真正的强者，也只有这样的人才有资格狂妄，同时，也只有这种面对生活的狂妄才不会引起别人的反感。因为这代表的是人类对命运的反抗，代表的是人类那不服输的勇气。

那些觉得应该把别人踩在脚下才能体现自己价值的人，便是讨厌者，他们才是真正拥有让人讨厌的狂妄的人。

所以，我们在跟别人讲话的时候，不要轻易否定别人。我们可以狂，但不能用其他人来显示我们的狂。在跟别人讲话的过程中，可以表达自己对生活的反抗，但绝对不能表现自己对其他人的反抗。前者是一种精神，后者是一种狭隘。

做人就要做一个大写的人，讲话就要讲有力量的话。一个真正自信的人，是不用靠跟别人对比来显示自己的能力的。他只需要说出自己对人生、对世界的看法，自然就能够赢得别人的认同。如果觉得自己只有表现得比别人强，比别人更加深刻才能够引起别人的认同，那就大错特错了。

一个不管什么时候都靠唱反调来凸显自己的人，只能给人以浅薄感。只有时时表达自己对人生、对生命的不同见解，才能给人以深刻感。

做人要傲，但是那傲是对生命的傲，而不是面对别人的傲。

真正的强者，真正会讲话的人，就要像马云那样，随身携带不盛气凌人的狂傲。

第9章

永远用别人想不到的方式说话

像马云一样说话有个性，所有人都不愿忘记你

不学别人，也让别人学不了自己

每个人来到这世上都是独一无二的，这世上没有与我们相同的人，也不可能有与我们相同的人。但是很多人却总是想要打扮得跟别人一样，追求一种相同。这是完全没有必要的。

有一句话叫作“我之为我，在于异人处”。也就是说，我之所以是我，在于我跟别人有不同的地方。正是那些不同，让我们和其他人之间有了区分，这些是我们的特征，也是我们的个性。

不管做事还是说话，我们都要保留这种个性。这是我们的标签，我们的名片，也是我们的竞争力。今天觉得自己不够好，是还没有找到专属于自己的风格，而不是因为觉得自己不够好就去学习他人。

在这方面，马云是有很深的见解的，他从来都是做自己，而不去模仿别人。因为他觉得如果那样自己就不是自己了，而且也不可能成功。下面一则报道，很能说明这个问题。

几年来，模仿阿里巴巴的企业大有人在，不少企业甚至直接拷贝阿里巴巴的产品，连“如有问题，请与阿里巴巴联系”，“发生诉讼，由杭州市中级人民法院管辖”这样的服务条款都屡次出现在这些模仿者的产品服务条款中。

“几年来，在全世界起码有上千家企业宣称自己和阿里巴巴提供同样的服务，不少企业甚至扬言将要取代阿里巴巴！”马云告诉记者这个数字之前五分钟，他的手下刚刚汇报一个消息——又有一家国内同行近日也推出了一个买卖平台，并计划在几天后在阿里巴巴门口（杭州）召开盛大的发布会，以示“挑战阿里巴巴”。

“似我者死，学我者生。”马云用齐白石的这句名言告诫后来者。马云解释，交易平台最关键的就是人气、订单，阿里巴巴积累了数百万的用户，建立了全球范围的采购体系，后来者打出相同的牌子既不理智，也不现实，“就是马云自己出来，也没法再办出一家新的阿里巴巴来了！”“好好研究一下成功企业的经营理念，寻找市场还缺少什么，和现有的大企业形成互补，走出自己的一条路子。”马云认为，这才是一条“生路”。

走出自己的路，才是最好的路。马云的商业之路是这样的，他的表达之路也是这样的。马云说话是极富个性的，可以说，他已经有了属于自己的马氏风格了，这就是他的竞争力。

因此，如果想要学马云讲话，就要学他的“意”而不是学“形”，也就是研究马云的讲话技巧，而不是学马云的口吻去说。我们不是马云，用马云的口吻说话也不可能获得他那样的效果，反而容易让人觉得我们在趋炎附势、附庸风雅。

人还是要保留些个性的，将这些属于我们的、独特的个性放在自己的讲话上，形成属于自己的风格，然后再去多研究些讲话的技巧，自然就能打造好的口才了。

如果今天觉得这个人讲话水平高，便去模仿，明天又觉得另一个人口才棒，又去模仿，那么用不了三两回，我们就丢了自己了。一个丢了自己的人，必然是不会受到别人的欢迎的。

不管做什么事，都要找到最适合自己的，只有最适合才是最好的。不管学习什么都要抓到重点，只有抓到了重点才能有所收获。鹦鹉学舌式的学习是最要不得的，那样只能让别人当成笑话，于自己的成长丝毫没有益处。

让自己的讲话水平提高的最好方式，就是保留自己的优势，然后借鉴别人的优势来填补自己的弱势，而不是照搬别人所有的东西，对其要有一个分辨，更要有一个保留。分辨对方哪些是好的，保留自己的基本优势。这样，我们才能真正得到收获。那种毫不保留的学习，不管什么时候都是要不得的。

巧用“后援团”，提升说服效果

有一种比较流行的说法，一个人如果整天跟着一群穷朋友在一起，那么他也多半富裕不起来；如果整天跟一些百万富翁在一起玩，则很快就能开展自己的事业。原因就在于环境，穷人在一起的时候总是喜欢抱怨，而不愿意去赚钱，因此他们才会没有钱。而富人在一起的时候更愿意谈生意，分享彼此的商业信息，寻求合作，因此跟富人在一起能够获得更多的信息和机会。还有就是，跟百万富翁在一起久了，一个人的气质也会有改变。当你跟他们一起出现的时候，在不知情者的眼里，你一定也是一个百万富翁，从而更愿意相信你。

这个道理可能会让某些人不舒服，但确实有一定的合理性。

一个聪明的人，在介绍自己的时候也会用这种方法。有的人是有实力的，但在陌生人面前却不知道怎么介绍自己，不知该如何取得别人的信任。而一个聪明的人，则会讲一些他和那些大家熟知的比较有名比较受人尊重的人在一起发生的事情。这样人们便会在潜意识中觉得这个人也一定是一个厉害角色。

在一次客户见面会中，马云说：

上个星期六，星巴克的CEO来我们的公司参观，这家企业非常值得我们敬重。大家知道咖啡能够卖到像他这样，卖出350亿美元市值，任何一件事情都有可能做成。他卖咖啡卖的是很强的价值观和使命感。

我跟新天地的老板在聊天，马路对面的咖啡一杯卖三块钱人民币，到了星巴克，一杯咖啡三美元，里面坐的人更多。卖的是什么？我想跟大家分享一下这个老板讲的故事。

他到伦敦去，伦敦最热闹的街是牛津大街，那是寸土寸金之地。他进去以后在最热闹的地方发现有一家小店，门面还不小，上面写着卖cheese（奶酪）。奶酪是很便宜的东西，相当于我们这里卖猪油的。这种地方的店一定要卖昂贵的东西才能维持。他进去了，里面有一个老头，胡子拉碴的，很认真地很起劲地在干活。他问那个老头这个店的租金是多少，他是如何在地价这么高的地方维持生意的。那个老头回答说，年轻人，这些店和楼都是我的。我们家都是卖cheese的，从我的爷爷的爷爷到我这儿都是卖cheese的，我的儿子现在就在伦敦街边上做cheese，他做我来卖。我们的兴趣和爱好就是做英国乃至欧洲最好的cheese。现在家里面有这么大产业，出租房子没有问题，但是我们还是要做cheese。那个新天地的老板说，他从来不买cheese的，结果那天买了五十多美元cheese，拎回去一大包。做生意，做任何产品，只要你有兴趣，投入爱，肯定可以持续。

我们现在每个人都想做大项目、大事情、大产品，但是这个老头做的是个小事情。我上次也讲过，几年前我们到日本去，一个很小的店，写着“本店开业148周年”，我进去一看，大概只有15平方米，一代代经营下来。它是做点心的，卖到皇宫里面去。所以说这是我们学到的另外一个东西，激情。

什么叫激情？就是30年做下来，还是在做，还是热情澎湃，这就叫激情。我们很多激情都只有三天、三小时，过会儿就没有了。

我们准备和星巴克做一个战略合作，这个战略合作不是做生意，是做社会责任感。我们想建立一个平台，在社会公平和社会责任感上面做一个联络。

也许有人不愿承认马云，也许有人觉得阿里巴巴的淘宝很普通。但是人们都知道星巴克是有一定规模也有一定地位的大企业。马云用星巴克老板对他们的态度，成功地表现出了自己公司的受重视程度。这便是高超的讲话技巧。

想要得到别人的认可，尤其是想要得到初次见面的陌生人的认可是很难的。一般和生人见面，虽然有想要结识对方的意愿，但一般内心都要设一道防线。而打破这道防线的最好方式不是告诉对方我们有多优秀，那样有直接说服的嫌疑，也会让人觉得我们是在吹嘘和夸耀自己。换个方式，让他们知道我们在跟多么优秀的人一起共事，那些优秀的人如何评价我们就可以了。

讲话，角度很重要，不要用一种别人会产生抵抗的方式跟人交谈，那样不仅不能拉近彼此内心的距离，反而可能会起到相反的作用。

借他人的话来抬轿子

有些人很奇怪，总是喜欢看人下菜碟。同样的一句话，如果是一个普通人说的，他们就觉得这句话很一般，没有什么特别之处，如果是一个比较有名的人说的，便觉得很有道理。这种心理是不好的，不过我们却无法让他们改变。因此，当有很重要的也是对对方和自己都有益的话或道理需要让对方相信的时候，我们不妨说一个善意的谎言，用名人来包装自己。

马云在一次对阿里巴巴员工的讲话中，便曾承认过，自己也做过类似的事情。

> 我觉得有一句话，在讲之前，我想把公司最精髓的东西跟大家讲一下，阿里巴巴最精髓的是“拥抱变化”和“永不放弃”。
>
> 很多人创业想发财、想赚钱，为了生存而创业。也许大部分人是这样，我觉得我们去创业的时候，是要证明自己是对的，证明自己对的是什么。我们要证明我们可以通过互联网帮助很多人获得财富，互联网会改变人类生活的方方面面，这句话是我说的。
>
> 当时我说互联网将改变人类生活的方方面面，没有人理我，我

就改成比尔·盖茨是这样说的。我们1994年、1995年开始执著地走这条路，确定互联网要改变生活，我们要帮助中小企业，帮助创业者，帮助弱势群体。

在创业最初的时候，马云是不得人心的。他四处演讲，可人们并不看好他。甚至马云曾自嘲当时很多人都把他当成骗子。不过马云自己内心清楚，他走的一定是一条正确的路。这时候，他采用了上面他说的做法，借比尔·盖茨的名声来达到自己的目的。本来一句并不怎么引起别人重视的话，当他说是比尔·盖茨说的之后，便立即有很多人同意了，人们也便开始重视互联网，重视马云了。

这就是说话的技巧。诚实是一种美德，我们每个人都要说实话，但是有时候偶尔说一句谎也是没有太大问题的。关键在于说谎的动机如何，如果是为了更好地跟别人接近，而且那谎言没有吹嘘自己，没有对任何人造成伤害的时候，是不妨一试的。

我们一定要记住一个原则，不管说什么，怎么说，目的都是为了更好地跟别人沟通，为的是拉近彼此的距离，如果出于这个目的，而说一个无伤大雅的小谎言是没有问题的。借助于名人的影响力来达到我们的目的，就更没有问题了。

当然，更没有问题的是直接引用名人们说过的话，尤其是大家所熟知的，那样说服力会更强。而且在跟人对话的时候，嘴里经常冒出一个名人名言来，不仅可以让自己的话更有说服力，也会给对方一个更好的印象，觉得我们是一个博学多才、见识广博的人。只要给对方的印象好了，那么沟通起来也就更容易了。

如果研究马云的讲话，就会发现，他是此中高手。马云不仅经常引用名人名言，而且特别愿意讲一些名人们经历过的小故事，用来辅助论证自己的观点。这样做既形象又有说服力，是很好的谈话方式。

如果我们自身不能够引起别人足够重视的时候，便需要考虑借助外界的力量了。这种借助不一定是要找人来帮忙，引用那些名人名言一样可以让我们达到这个目的。当别人看到我们现在所做的，有很多名人也在做或者曾经做过，那么他们对我们的信心便会增加，信心增加了，自然也就更信任我们了。这时候，不管是想跟对方交朋友还是想跟对方做生意，都会变得更加容易。

除非自己是一个名人，否则不要总是以“我”开头，要知道，我们自己的事例和话语在别人那里是没有足够的力量的。多引用些名人名言，效果自然更好。

“人对于忙碌者总是高看一眼”

马云是一个演讲高手，他总是能够通过自己的语言赢得观众发自内心的掌声。这不仅在于马云思想独特，言之有物，更是因为他有很高超的讲话技巧。

同样的一句话，一个普通人说起来没有半点力量，但是到了马云的嘴里，就变成了经典。同样的一个场合，别人开头讲话的时候，平平淡淡，但如果那个说话的人是马云，便立刻不一样了，他会讲得很生动。

马云能够做到这样，就是他了解人，知道别人想要什么，并且能够满足人们的这些需要。

2001年的时候，阿里巴巴在温州举行了一次会员见面大会，马云做了精彩的演讲。他是这样开头的：

> 今天是星期天，大家能够光临，我代表阿里巴巴的员工表示衷心的感谢！
>
> 我11月4日去美国，美国各地的会员飞到纽约参加阿里巴巴的见面会。我们很快还会在日本召开阿里巴巴会员大会，2002年我们还会有欧洲会员见面大会。现在我们会员的增长速度非常快，我们的会员都希望更多地了解阿里巴巴。
>
> 我是第一次到温州来和会员见面。1983年我来过温州，一直以来我对温州的企业家非常钦佩。这次到温州，第一，要介绍一下阿里巴巴的近况；第二，想亲自体会一下温州企业家创业的精神；第三，我想把阿里巴巴从事电子商务六年的经验、想法、体会与大家分享。很多企业都不知道电子商务对于企业到底有没有用，应该怎么用它。很多人都说网络公司每况愈下，都差不多了，阿里巴巴是不是也是这样？我把我自己真实的想法与大家一起交流一下。

开头先介绍自己的行程，看似简单，其实是有目的的，也是能起到效果的。马云这次演讲的目的很简单，说服对方，让对方更加信任自己。这时候就需要给他们一个定心丸。而介绍来之前的行程，通过表达自己很忙，而且忙的都是大事，说明阿里巴巴是受别人重视的，因此坚定会员们的决心，让他们更加认可阿里巴巴。同时，也表达了另一层意思，我很重视你们。在那么忙的情况下，依然来跟大家见面、聊聊天，可见我是把大家放在心上的。

很多人是不懂这个做法的。他们也会很重视自己谈话的对方，但是却从不表达。这是不对的。我们要尊重每一个跟我们谈话、聊天的对象，但同时也要把这种尊重表达出来，让对方接收到。

如果我们不去表达，那么对方会仅仅觉得，这就是一次普通的谈话或者聊天，而不会对我们更加亲近。那样，我们的重视也便起不到效果了。

当然，表达对别人的重视也是有技巧的，像马云这种，在不露声色中表达是最好不过的。而最差的表达便是直接告诉对方，我很重视你。那样不仅不会让对方感觉舒服，反而容易引起别人的反感，觉得我们是用施恩的方式在获得别人的认同，觉得我们是在要人情。

总之，要表达，更要有技巧地表达。可以从侧面突出，或者用讲故事的方式来表达。比如，告诉他们我们本来也是有另外一个约会的，但是为了见他，将之推掉了。这就足够了。千万不要在说完这些之后加上一句，“因为我重视你”，那样反而会起到反效果。

重视自己沟通的对方是一种品质，更是决定沟通成败的关键，但如何表达这种重视更是重中之重。把自己的重视表达出来，让对方知道，他们在我们的心中是有一定地位的，自然能够获得对方的好感，那么谈话也便会更加轻松了。

每个人都希望自己是人群中最亮眼的那一个，也都希望每一个自己认识的人都是喜欢自己的，这时候，就要给他们满足。让他们知道，我们是真的重视他们。这么做了之后，才能够让彼此心与心之间的距离更近。心的距离近了，自然凡事都好办了。我们需要他们帮忙的时候，他们会伸出援手，我们偶尔有小错误的时候，他们也会给予原谅。真正的朋友，都是从重视对方开始的。

永远用别人想不到的方式说话

想要让人记住，就要有跟别人不一样的地方。也就是我们常说的要有个性。马云是一个个性十足的人。他的个性不仅表现在做事风格上，更表现在他的语言表达上。

马云的话一向有其强烈的个人风格，干脆、有力、情绪感染力强，当然，也常有着不一样的角度。这种话，马云说过不知凡几，像“今天很残酷，明天更残酷，后天很美好，但绝大多数人死在明天晚上”这种带有强烈的马氏风格的话，便是马云的标签。

想要成为一个讲话高手，不一定要学习马云的风格，但一定要有自己的风格。这风格便是我们的标签。到了那时候，不管走到哪里，都会有人知道我们。这就是最好的名片。

我们先来看一看，马云是怎样表现他的语言个性的。以下，是马云做客《财富人生》的时候，与主持人的一段对话。

叶蓉：说起来我觉得很风趣的，前段时间我是在跟前程无忧的CEO甄荣辉聊天，他就说起来其实前两年做互联网日子很不好过，但是突然地好像互联网的春天就来了，比如像网易、新浪都宣布盈利，我想打听一下阿里巴巴目前的经营状况如何。

马云：其实我觉得人家觉得互联网的春天来了，我并没有觉得。其实我们是准备着冬天了，我希望冬天越长越好。

叶蓉：怎么会这么讲?

马云：首先我是个乐观主义者，我觉得有冬天就一定有春天，有春天一定有冬天，不会一年四季如春天，那样的话你会过腻的，对不对？人也会生病，对吗？然后我觉得在冬天的时候不一定人人都会死，在春天的时候也不一定人人都会开花结果，所以我觉得任何一个产业都有这样的过程。所以，今天大家都好了，我反而更加警惕。大家好了不等于我会好，在以前冬天的时候大家都不好，不等于我们不好。其实阿里巴巴现在经营一直不错，今年的利润应该在一个亿以上，所以整个公司已经开始慢慢地进入一个比较好的（状况）。

这就是马云的风格。哪怕不知道他做过什么的人，只要听到这样一段话，那么立即就会对他产生兴趣，想要了解一下他到底是个什么样的人，他到底做过什么。马云的这种带有强烈的自我风格的说话方式，对他的人生和事业自然有诸多帮助。

我们跟别人沟通，不仅在于排遣寂寞、说服对方，更在于得到对方的认可。而带有强烈标签、有自己独特风格的语言方式，是达到这些目的的最佳手段。

每一个个体都是独一无二的，他有区别于其他所有人的地方。但是有的人却将这些地方隐藏了起来，从而变得跟别人一样了。这样的做法是不值得提倡的。这是一个张扬个性的时代，要的就是属于自己的独一无二的标签。我们应该将自己的个性拿出来，展示在众人面前，给众人留下更多的印象，而不是将之隐藏在内心深处，然后让自己变成跟其他人一样的个体。

个性的语言，不仅可以让我们引起更多人的关注，更有利于我们培养属于自己的独特的行事风格。这些，都是对我们的人生和事业有帮助的。

马云一直在强调他是一个平常人，但就是这个觉得自己很平常的人，却做出了不平常的事情。他有强烈的个性，有属于自己的独特的标签。这些未必是马云成功的关键，但确实为马云的成功加了很多分。

做人就要做那有个性者，说话就要有自己的独特风格，这样才能让我们从众人当中脱颖而出。

人微言轻，人贵言重

人们判断一个人的时候，身份常是一个重要的参考因素，尤其是陌生人相见的时候。一个不认识的人，如果衣着体面，一副成功人士的样子，往往能够赢得更多信任。而如果是一个衣着破烂，一副不得志的样子的人，往往就无法赢得太多的信任。尤其是这类人讲大道理的时候，哪怕是同一个道理，人们也更倾向于那貌似成功者是对的，而对那看起来不得志的人的话则不以为然。

人们有这个判断，并不能说明人们是势利的，大都是基于环境的一种共识。因此，如果想要让别人更加相信我们的话，就要努力提升自己，让自己有别人值得羡慕的地方。这样，我们的话就更有力量了。

马云非常明白这点，所以在他最初创业的时候，才会故意将一些自己的话说成是比尔·盖茨说的。因为，他这样做能够引起更多人的注意，也能让更多人相信。马云也曾表示过类似的观点："人们觉得你说得好，更多的时候是他们认为你做得好。"

所以，想要获得更多人的信任，想要别人都喜欢听我们讲话，不仅要训练自己的口才，也要通过努力让自己有所成就。

在宁波会员见面大会上，马云跟台下的阿里巴巴客户说：

> 我训练干部管理团队，在问题发生之前就要处理掉。我今天做的工作，为今天而做。你做的任何决定是公司3~6个月之后发生的事情，如果没有人能取代你，你永远不会升职。只有下面的人超过你，你才是一个领导。你六个月找不到替代的人，说明你招人有问题。六个月你找不到人说明你不会用人。领导是把人身上最好的东西发现出来。你要找这个人的优点，找到的优点如果连这个人自己都不知道，这就是你厉害之处。如果有一只老虎在后面追你，你的奔跑速度自己都不可想象，为什么跑这么快？因为有老虎追你。每个人都有潜力，关键是领导要找出这个潜力。我们是怎么想到这一招的？我看美国 NBA打篮球，为什么越打越好？是因为板凳上坐了12个人，下面的人很想上去，都认为自己打得不差。场上面的人压力很大。这样你就需要有一套制度，要用制度保证你的公司。所以我们在培养干部队伍方面，成立了学习制度。
>
> 1999年阿里巴巴希望有8万会员，当时我们提出这个口号的时候，还只有3000会员，但是那一年我们做到8.9万会员。2000年阿里巴巴提出要做25万会员，我们做到了50万会员。2001年我们希望100万会员，但2001年互联网不景气，好像是不可能实现的。但在2001年12月27日，我们的愿望真的实现了。我们当月实现了收支平衡，现在阿里巴巴的营业额都在增长，越做越好。
>
> 很多人认为，现在互联网讨论最多的是投资者和管理者之间有矛盾，我们不这么认为。只有管理者去欺骗投资者的可能，投资者

不太可能欺骗管理者。投资者给你钱的时候，你记住有一天你一定要还他，这是做人的品质。我们有一点感到骄傲，那是在刚刚创业的时候，我们几乎不打出租车。有一次我们必须打车，一辆桑塔纳驶了过来，所有人头都转过去了，一看夏利过来，又都马上把手招过去。因为桑塔纳比夏利贵一块多钱。我们今天所花的钱都是投资者的钱，如果有一天花自己钱的时候，可以大胆地花。所以这两年，我们以小气感到骄傲。

这几段话中，马云一直在强调，如何才能够做得更好。目的不仅是为了给别人输送能量，更是告诉别人自己曾做过很多事，有很多经验，是可信的。再加上他本身的事业支撑，自然就能够让更多人相信了。

我们应该注重表达，但我们也要清楚，表达更多的时候不过是一种形式，是通过语言将自己介绍给别人，从而希望获得别人的认同。而能让别人认同我们的，最终还是我们自身。别人会通过我们的品质、成就等做一个综合的考量，然后判断我们是否可信。因此，我们在练习表达能力的同时，也要在这些方面下功夫。只有做到从内到外都散发着魅力，才能有更多人认同我们、喜欢我们、信任我们并重视我们。

制造余味无穷的谈话

我们是一个喜欢怀念过去的民族，一般来说，中国人不管多大年纪，都会对自己的过往有一份深深的眷恋。即使是一个没有经历过世事的风华少年也是一样。他们对人生还没有太多的经历，可是自走出校门的那一刻，便开始了回忆。

也正因为这个特性，很多人在跟人聊天的时候，都喜欢谈自己的过往。其实这并不是一个特别好的话题。

两个人谈话，尤其是两个认识不久的人，总是愿意彼此分享自己以前的经历，这样做是为了告诉别人，我愿意跟你交往，所以我不吝啬告诉你我的过去，那是我珍藏的东西，我愿意与你分享，就说明我接受你了。

这是不差的，不过这类事情只需要点到即止，对方接收到这个信息之后就可以打住了。接下来应该谈的是未来。因为你眼前的人不可能参与你的过去，但你们却可以一起策划未来。只有两个人共同做过一件事之后，才能让彼此更加亲密。谈过往仅仅是在聊天而已，而谈未来，却可以让两个人成为战友。这就是差别。

2012年中国经济年度人物颁奖典礼的现场，马云和王健林先生的一次对赌，抛出了一亿元的赌局，就成为很多人关注的一个焦点，我们不妨先从年度盛事说起，来回顾一下当时的现场。

王健林：电商是一种新模式，它确实非常厉害，特别是马云做了以后，大家要记住中国电商只有马云一家在盈利，而且占了95%以上的份额，他很厉害。但是我不认为电商出来，传统零售渠道就一定会死。

马云：我先告诉所有的、像王总这样的、传统零售业的人一个好消息：电商不可能完全取代零售行业，同时也告诉你们一个坏消息：它会基本取代你们。

王健林：我跟大家透露一个小秘密，其实我跟马云先生早就对这个问题既是探讨学习也是在争论。我跟他有一赌，今天在公开场合说起了，2022年，10年后，如果电商在整个大零售份额占了50%，我给他一个亿，如果还没到，他还给我一个亿。

马云：光有勇气是不够的，尽管我们都需要勇气，在机关枪面前，形意拳、八卦掌、太极拳其实是一样的。

主持人：王健林先生说出一亿元赌局的时候，你吃惊吗？你们之前有过一些私下的沟通或者就这个问题探讨过吗？

马云：其实在前一天我们有过争论，然后他说赌，但是没说数目。听了一个亿我也吓了一大跳，我觉得赌一块钱可以，当着亿万观众面前说赌一个亿，我觉得是在那儿豪赌。

主持人：到底赌局谁赢谁输，自己有多大把握？

马云：我不跟任何人赌没有把握的赌。这是因为，你不懂才会赌，赌了一个亿，10年以后，所以我觉得如果各位还不认为10年以后，这个零售行业或者传统行业会被互联网电子商务冲击到50%的话，我估计只是他在这个领域里面刚刚进入而已。电子商务它绝对不是一种生意模式，它是一种生活方式的变革。10年以后，结局只会比我们想起来更加可怕，因为它摧毁的不是一种商业模式，它摧毁的是一种旧的思考方式，它是一种社会的进步，所以是不可逆转的。所以，我觉得50%这个赌，王健林还是不赌为好。电子商务的目的不是去消灭谁、推翻谁，而是建立未来我们认为更加公平、更加透明、更加平等的商业生态环境。其实我们说今天这个企业打败那个企业，那个企业打败这个企业，一点意义也没有。换句话说，举个例子，如果一头羊把其他的公羊打败了，觉得自己是天下第一了。狼一看，咔，瞎搞，瞎整，因为它们完全是两种不同思考模式在作战。

马云之所以那么受欢迎，就是因为他一直在谈论未来。他告诉员工们未来的公司会是什么样，所以员工们愿意接受他，因为他描绘的是一种大家一起奋斗的画面。他给观众讲述未来会是什么样，观众也会接受他，因为他描述的是大家共同的生活。这是一种能够走进别人内心的讲述方式，它能够使人产生更多的回味。因为只要他们想到自己的未来，就会想起你曾经说过的话。

谈论未来确实是一个很好的话题，尤其是两个不是特别熟悉的人，可以瞬间拉近彼此的距离。

谈论过往可以让我们自身体验更多的甜蜜，谈论未来却可以让我们跟每一个在场的人融合在一起。尝试着在讲话的过程中，多跟别人讲讲未来，那样会让我们更受欢迎。

寥寥数语，每次都能说得恰到好处

很多时候，讲一个道理是很吃力的。需要解释很多的名词，需要介绍相关的背景环境，等这些介绍完了，可能听众已经失去继续听下去的耐心了。并且，讲述人在介绍这些的时候，也会觉得索然无味，从而没有了说下去的激情。这样，就会让整个谈话变得没有生气，这谈话也便没有什么大用处了。

相信大家都有过类似的经历，那就是我们觉得很好玩的一件事情，当从我们的口中讲出来之后，便索然无味了。这种情况，多半是要交代的东西太多，而我们没有交代清楚，或者我们选择了简短介绍的方式且没有抓住本质。这些，都是表达不畅造成的沟通不畅。

如果想要跟朋友、同事或客户很好地聊天，就要有强大的表达能力。不仅要将有意思的事情讲出应有的效果来，还要学会将没意思的事情讲出效果来。当然，最重要的是，跟别人解释一件事的背景的时候，要用最简短且对方又能听懂的方式，要保证你说出的每一句话都是有用的。这时候，借用一些众人熟知的典故是一个很好的办法。

很多人也熟知在谈话中插入典故的重要性，却始终不得其法，结果弄得更糟。我们先来看看，马云在宁波会员见面大会上讲话的其中一段：

> 在互联网最艰难的时候，阿里巴巴回到中国，把总部从上海撤回了杭州，实实在在地做事。迄今为止，阿里巴巴第一次裁员，我跟会员很郑重地说，在2000年，把一些美国的工程师裁掉了，如果晚半年，可能公司也就没了。不是我们聪明，而是没有办法。我们在中国实施“回到中国”策略的时候，我们对外没有说。只是说阿里巴巴一直在开拓海外市场，有一些竞争对手就去打海外市场了，结果去了就关门了，没能回来。
>
> 是什么让阿里巴巴活了下来？是什么让阿里巴巴走到了现在？我们把回来做的事比作第一是“延安整风运动”，第二是“建立抗日军政大学”，第三是“南泥湾开荒”。

这是马云在给别人介绍自己公司时的一段话。向别人介绍自己的一个理念或一段经历，其实挺难的，因为涉及很多相关背景的介绍。但马云的做法却非常简单，只引用了几个名词。

党的成长史，大家都是知道的，中学历史课本里有很详细的介绍。马云将自己公司的几个阶段用党的成长史做类比，一下就解决了很多问题。因为人们都熟知那段历史，所以当把公司的经历类比了之后，那么对方也就知道他们公司大概发生了些什么。这样，自然不用再做过多的解释了。这么做的好处，便是节省了时间，可以让谈话更加紧凑，而且清楚明了，对方一听就明白。

我们在讲话的时候，就要学习马云的这种做法，用众人熟知的典故，一下将众人带到那个场景中去，这样就会减少我们很多的麻烦。

如果没有合适的典故可用，就要斟酌语言了。我们要有一个清醒的认识，我们所说的每一句话都是有目的的，都是为我们所想要的结果服务的，都是切实需要的。不要将一些无关紧要的话不停地挂在嘴边。要做到这样，我们或许说了很多，但每句都是有用的，这样才好。

解释，是很多人所不愿听的，更是有些人所不愿做的。不过我们好像没有哪个人能够彻底逃离解释。我们总是要跟别人去澄清一些事情，要给别人介绍一些道理或新鲜事物。而在这个过程中，一定要做到条理清晰，这样才能以最少的时间来解决更多的问题。

惜字如金是一种简洁，但保证自己说出口的每一句话都是有用的，也是一种简洁。

刚柔并济，霸气外露

人要想成为众人的焦点，就一定要有一种强人的气质。不过很多人搞不清强人的气质到底是什么，以为只要足够狂妄就可以了。结果不仅没有成为众人的焦点，反而成了人们口中的笑谈。

马云是一个非常自信也非常强悍的人。这不仅表现在他的做事风格上，还表现在他的说话风格上。马云说话狂，但却狂之有物，因此，虽然有少部分人不喜欢他的张扬，但大多数人对他都是非常认可的。这便是懂得什么是强人的气质，并懂得如何用语言表现出强人的气质了。

马云在做客《对话》栏目时，曾跟观众和客座嘉宾做了较多的沟通，这里截取一小段，来感受下马云的讲话风格：

吕本富：是不是有点一花独放不是春的感觉？阿里是很好，但是整个电子商务领域业态是不是健康？马总怎么看，阿里巴巴赚钱了，大家都亏了？

马云：这个问题问得挺好，我并不觉得我是狮子，我也做不了狮子。狮子和羚羊是物种的区别，狮子吃羚羊不要恨它。700万的卖家这些年轻的企业，这些年轻人对未来的渴望和希望，对自己梦想的实现，这股力量是对传统的冲击，这是具有狮子一样的雄心。就像10年前的我，我是绝对没想到有一天这个火点燃会这么厉害。

我觉得我们也没有一花独放，我从1995年开始做，到1999年重新开始做阿里巴巴。1999年到现在快14年了，我们付的学费是无数的企业不可想象的。所以我们其实是走过了又坚持下来，一个今天出来的大部分的电子商务企业，所花费的时间也就两三年时间。你希望能够有那么多盛开的花，可能没有。

第二看见有人，也是王健林说的，全中国4800家电子商务企业，4799家企业都亏，只有淘宝赚。我也不知道4800家企业这个数字从哪里来，第一绝对不只4800家企业，第二在淘宝上面活的电子商务企业活得非常好。今天我们电子商务绝大部分活得不好的企业，说实话它们诞生那一刻我就知道它们已经输了，那是因为它们生活在传统想象中的电子商务中。传统想象的B2C，它们认为这就是电子商务，这些企业本身就该死。跟阿里比一个平台，模仿我们是很累的，有的人在平台和电子商务之间，不断地摇摆的时候，是一定要死的。阿里巴巴不是一家电子商务企业，我们是帮别人做电子商务，我们是帮无数想创业的、已经在创业的人做生意，这就是区别。

这就是马云的强人气质，该狂的时候狂，该低调的时候低调。通过这段话，我们可以看出，马云给自己的定位很简单，自己不是这世界的狮子，但却是行业内的狮子。阿里巴巴或许无法成为世界上最伟大的企业，但绝对是电子商务中的佼佼者。

这样的表述方式，既表现了自己的霸气，又不会惹人反感。表现霸气在于相信自己绝对是行业的王者，不会惹人反感在于充分肯定了其他人的成就，没有说自己无所不能。而且，马云的成就摆在那里，他确实是行业内的佼佼者。

这就是马云的讲话之道，有张扬也有内敛，该张扬的时候张扬，该内敛的时候内敛，不像有的人，不懂得环境和角色的转变，成了不管在什么场合，不管谈论什么问题，都一味张扬；或者不管在什么场合，不管谈论什么问题，都一味内敛。

讲话是要针对环境的，在什么样的条件下说什么话，如果不能够跟环境融合，那么自然就不会得到自己想要的效果。

不过，不管在什么样的环境中，突出自己总是没有错的。当然，重点是把握住度，不要将张扬个性变成吹牛，不要让凸显自我变成狂妄。

牢控节奏，精准地传情达意

在很多人看来，能够夸夸其谈，有说不完话题的才是真正的口才好的人，其实不然。真正的高手不在于永远都在说话，而在于能够用最少的语言表达出最深刻的道理。简洁，永远都是第一位的。

不过，光做到简洁还不行，事实上，我们还要让自己的讲话具有明快的节奏。同样是讲述一件事情，一个讲话节奏鲜明，张弛有度；一个沉闷无聊，略显拖沓，则一定是前者更受人欢迎。

马云讲话节奏感就很强。想要做到这点，就要知道自己想要表达什么，对方想要听到什么，然后有针对性地讲话。多说那些对方想要听到的、对沟通有利的话，至于过渡的东西，则应尽量简短。这样，讲话才能够有明快的节奏，也才能更吸引人。那种拖泥带水式的表达方式，是要不得的。

我们先来看下面几段话：

在说到为什么要坚持的时候，马云说：“我永远相信只要永不放弃，我们就还是有机会的。最后，我们还是坚信一点，这世界上只要有梦想，只要不断努力，只要不断学习，不管你长得如何，不管是这样还是那样，而男人的长相往往和他的才华成反比。今天很残酷，明天更残酷，后天很美好，但绝大部分是死在明天晚上，所以每个人都不要放弃今天。”

在概括很多人都只是有想法而没有行动的时候，马云说：“晚上想想千条路，明早起来走原路。”

马云还说过：“我既要扔鞭炮，又要扔炸弹。扔鞭炮是为了吸引别人的注意，迷惑敌人；扔炸弹才是我真正的目的。不过，我可不会告诉你我什么时候扔鞭炮，什么时候扔炸弹。游戏就是要虚虚实实，这样才开心。如果你在游戏中感到很痛苦，那说明你的玩法选错了。”

而在解释CEO的概念时，马云则说：“看见10只兔子，你到底抓哪一只？有些人一会儿抓这只兔子，一会儿抓那只兔子，最后可能一只也抓不住。CEO的主要任务不是寻找机会而是对机会说No。机会太多，只能抓一个。我只能抓一只兔子，抓多了，什么都会丢掉。”

这些话都简短有力，表述清晰，更重要的是，节奏明快。如果反复阅读就会发现，在这些话中，马云也会用到排比句，不过他的排比不仅不会让人觉得啰唆，反而让人觉得有力量。这就是马云懂得掌控节奏的原因，他知道最能打动听者的话题是什么，因此在这类话题上，不惜多说几句，而将那些稍显次要的，则简单带过。这种鲜明的节奏是感染别人的最好方式。

办事拖拉的人是不得人心的，同样，讲话拖拉的人也是不得人心的。在讲话的过程中，一定要掌握好节奏，该啰唆的时候啰唆，该简洁的时候简洁。只有将这种节奏感把握好，才能让自己的讲话能力更上一层楼。

画龙点睛，用突出重点的结尾点醒听者

小时候写作文，老师都会特意交代，要学会提纲挈领，其实讲话也一样。很多时候，一个道理要经过漫长的解说才能将其说明白，不过，等过一段时间，听者便又会忘记我们说什么了。如果想要让他们记住就要懂得提炼，尤其是在结尾的时候，做一个精短而又有感染力的总结，必然会让听者铭记于心。

这总结是对自己所讲道理的提炼，也是对所讲道理的一个升华。所谓画龙点睛即是如此。

然而，很多人却不擅长这一点，或者说没有这种意识，因此他们总是夹夹杂杂说上一大堆，以为自己说明白了，听者也听明白并记住了，却不知，那只是暂时的，用不了多久，对方就会忘个精光。

在这方面，马云绝对是高手，他之所以常有脍炙人口的短句流传，就在于他有很强的提炼能力。或许这跟他曾经当老师的经历有关吧。

在一次讲话中，马云便将这种能力发挥得淋漓尽致。

我刚才在门口一听说要演讲，就有些激动，立即就想到了两个

词——梦想与坚持。我想跟大家讲，作为一个创业者，首先要给自己一个梦想。在1995年我偶然有一次机会到了美国，然后发现了互联网。

发现互联网以后，我不是一个技术人才，我对技术几乎是不懂。到目前为止，我对电脑的认识还仅限于在收发邮件和浏览页面上。我今天早上还在说，到现在为止我还搞不清楚该怎么样在电脑上用U盘。但这并不重要，重要的是你到底梦想干什么！

1995年我发现互联网有一天它改变人类，可以影响人类的方方面面，但是谁可以把它改变掉，它到底该怎样影响人类？这些问题我在1995年没有想清楚，但是隐隐约约感觉到这是将来我想干的事业。回来以后，我请了24个朋友到我家里，大家坐在一起。我说我准备从大学里辞职，要做一个互联网，叫Internet，那个时候互联网不叫互联网，叫因特网。因为自己不懂技术，所以我花了将近两小时来说服24个人，说这是一个很有意思的事情。

两小时以内，我肯定没讲清楚什么是互联网，他们肯定也听得糊里糊涂。两小时以后，大家投票表决，23个人反对，1个人支持。大家觉得这个东西肯定不靠谱，别去做那个，何况，你连电脑也不懂，而且根本不存在这么一个网络。

但是，我经过一个晚上的考虑，第二天早上我决定还是辞职去实现我自己的梦想。为什么是这样呢？我发现很多游学的年轻人是晚上想想千条路，早上起来走原路。晚上出门之前说明天我将干这个事，第二天早上仍旧走自己原来的路线。如果你不去采取行动，不给自己的梦想一个实践的机会，你永远没有机会。所以我稀里糊涂走上了创业之路。

马云整篇话其实都在讲述一个道理，就是想要做什么就要马上去做，不要拖拉，拖拉的结果除了遗憾和后悔没有其他。关于这类观点的讲话不知凡几，不过大都被人们所遗忘了。但马云在后面有一个短暂的提炼，就让人记住了。

其关键就在于“晚上想想千条路，早上起来走原路”这句话，这是一个生活小细节的提炼，但说出了大多数人的心声。这句话的震撼性是很强的，不少人都被这句话给震到了，并将之作为自己的座右铭。而马云这段话也确实因为有了这一句而变得更加有感染力了，而且记忆度也极高。

这就是提炼的效果了。不仅要讲述道理，更要懂得用一句简短而有力的话来总结道理。只有做到了这些，才能让自己的话真正打动别人。如果只是一味地说，那是不管用的。没有人愿意记忆一大段话，但很多人却愿意记忆一些简短有力的箴言短句。

因此，如果想让自己拥有好的口才，想要变成一个会说话的人，就要练习自己的提炼能力，多提炼一些短小精悍的句子，尤其是在说话结尾的时候，这样会更加打动别人。

“说话啰嗦则不如不说”

人都是爱美的，我们总是愿意把自己打扮得很美好，这样不仅提升了自己的形象，也给别人带来了愉悦，是对自己的尊重，也是对他人的尊重。

其实，如何讲话也是打扮自己的一种方式。但这种方式却跟其他的装扮不一样。一般的装扮，越是隆重、越是奢华，便越能得到别人的认可，越容易取得自己想要的效果。可讲话是正好相反的。语言越是华丽，越是空洞，越是想给人营造一种大的气氛，反而越容易被人讨厌。

很多人都怕被别人瞧不起，因此刻意隐瞒很多东西，甚至是故意说谎，以突显自己。但结果往往是事与愿违，这么做不仅达不到自己想要的效果，反而成了人们口中的谈资，被人耻笑。

真正能够获得别人认可的从来都是真话，而不是我们虚构出来的谎言。只有将我们真实所想、我们真正要面对的如实讲出来，才能给人更好的印象。

马云在一次给员工的讲话中，这样跟大家说：

> 我最近担心很多，我晚上老是做梦，爬山、爬梯子，每块石头都抓不住，可能心理压力挺大，其实我心理压力最大的是担心年轻人。我们没有办法，必须边跑边干。我不承诺你发财，不承诺你升官，你在这个公司里面有很多的磨难、委屈、不爽、呻吟……但我承诺，经历过这一切以后你才会真正知道怎样才能打造伟大、坚强、勇敢的公司。

很多老板在给员工讲话的时候，都会采用一种画大饼的方式。他们会给自己的员工构建一个华丽的梦想，告诉员工们，到时候能够得到多么好的生活。并认为只有这样才能保证自己队伍的斗志，才能够让自己的队伍更加团结。但这样做的人，往往都失败了。反而是马云这种直言即将面对的困难的人，将自己的公司做到了最大。

阿里巴巴是一个缔造梦想也传递梦想的企业。但他们只传递愿景，从不传递虚幻的美好。马云一直告诉自己的员工，未来会很辉煌，但在通往未来的路上，却注定是布满了荆棘的。正是这一份坦诚，让阿里巴巴的员工愿意跟马云一起，去努力，去奋斗，去实现这个大家一起守护的梦想。

谎言，很多时候是美丽的，但那美丽不是经寒冬雕琢后而来的真实绽放，不过是海市蜃楼般的虚幻。海市蜃楼可以给人暂时的愉悦，但总会因为它的虚幻而让人梦想破灭。只有经过努力得到的梦想才是真的梦想，也只有告诉别人路上有艰辛，才能让那人有足够的准备去做事。

这就是真话的力量，不矫揉、不造作，可能不好听，但绝对有道理，可以直达人心。

这是很多人成功的秘诀，也是马云讲话的一条原则。

> 我们believe（相信）了才会学习，不管别人怎么说，不管别人怎么看我们，疯人院里面的人从来不相信自己是疯的。我们在这里的人不能相信自己是傻的，不可能102年，不可能是102年，你说是第一就是第一了？听到了，断言，重复，传染，断言我是第一，传十遍，然后不断地重复说一百遍，然后你就是第一了，很多事都是这么起来的。

这就是马云的风格，他从不吝啬为员工编织美好，但却从不编织虚幻。马云嘴里的美好是残酷的，也是真实的。正是因为这份真实，所以有人愿意跟他一起努力。也正是这一份真实，让马云感染了很多阿里巴巴以外的人。

一个能够得到社会普遍认可的强者，一定是真实的，而不是虚幻的。说假话的人，总有一天会被人拆穿，只有说真话，才能让自己走得更远。

不拖泥带水，句句说到点子上

很多看似极其复杂的问题，在有些人眼里却极其简单。之所以如此，不在问题本身，而在于看待问题的两个人。前者思维深度广度都不够，因此看不到问题的本质，只能在问题的表面上纠缠。这样，永远也无法真正解决问题，只能是解决了这一方面，才发现另一方面已经发展出矛盾了，然后再急急忙忙去补救。力气花了不少，但效果甚微。后者则是冷静的，能够透过表象直达本质。在他们眼里，表面的矛盾是不重要的，他们看的是矛盾背后的统一原因，找到了这个原因之后，将其解决掉，那么那些所谓的麻烦也就迎刃而解了。所以后者虽然做了一件事，但却解决了所有问题，前者虽然不停地在做事，但麻烦却不断。关键就在于着眼点，在于能否看到问题的本质。

办事如此，说话也一样。而且，很多时候，解决矛盾就是靠语言。在这点上，马云是个高手，他总是能够通过三言两语让本来看起来矛盾或者极其麻烦的事情变得清晰明了，从而一举将问题解决。

在《对话》栏目中，马云就是这样应对别人的提问的。

田宁：这几年下来，阿里巴巴的广告直通车展位，阿里巴巴的钻石展位价格连年攀升，所以很多小的企业不能小而美了，开始承受不了了。这个做法是不是意味着阿里巴巴开始疏远小企业，转向大公司了？

马云：因为每个人看问题的角度、想法不一样。在座所有的小卖家觉得我们没有给他们足够的资源，大卖家到我们办公室来骂人的特别多。你们到底是靠我们养还是靠他们养？每个人的角度是心里面的看法。三年前阿里巴巴的年会上，我跟所有的客户和同事讲，阿里眼里没有大企业和小企业之分，只有诚信和不诚信之分，只有是不是努力，是不是创新的企业之分。今天淘宝人说越来越难活了，当年你为什么不来？当年我是跑了很多人家让他们来淘宝。刚成立的时候，我让朋友来淘宝，说你这个破生意赶紧移到淘宝上来吧。我费尽口舌都不行。去年他来找我，我说你把自己这摊生意干好别来了。我告诉你来时你怎么没来？说中国做生意越来越难做，中国什么时候生意好做过？没有好做过。

全世界没有哪个地方好做生意，不同的时代，不同的努力，你永远跟同代的人竞争。所以我觉得，你要问我，我不讲谎话，我最喜欢小卖家。但是我不排斥大卖家，大企业搞不过小企业的比比皆是，今天在淘宝上淘品牌成功的，按绝大部分算，很多年销售额过亿的都是彻底在淘宝上成立起来的，他们为什么能成功？所以我觉得只要你想干，你想办法，你都有机会。

很多人纠结于阿里巴巴对待客户的态度，是对大客户好些，还是对小客户好些，然后都认为自己没有得到重视，从而心生懈怠。这种纠结，对阿里巴巴是不利的。对马云来说，最好的方式就是解决人们的这种纠结。这时候就显现出马云的智慧了。他直接将大小的分类忽视了，而提出了阿里巴巴是用信用分类的。这样，问题就解决了。

很多时候，看起来不可调和的事情，其实并不很复杂，我们觉得复杂不过是因为没有看到其本质罢了，于是将表象当成了事情的全部。这时候，就需要另辟蹊径，找到问题的关键，然后将问题解决。

在回答别人问题的时候，不要跟着对方的思路走，对方问什么就回答什么，而是要思考问题背后的事情。找到本质就会发现，很多问题其实根本不是问题，只是一种矛盾的表象罢了。这时候，告诉他们那个矛盾的解决办法，自然能够让他们满意。如果不能找本质，而是在对方提问的地方纠缠，那么只会导致对方有一个又一个问题，而且每个问题都非常恼人。

第10章

当你炫耀聪明时，就开始变得愚蠢

像马云一样选对立场，开口就让人有好感

适时说出“不知道”也能赢得满堂彩

很多人都怕别人看轻自己，因而不管人家说到什么，都要插上一嘴，以示自己博闻强识。在他们自己的讲述时间也是，不停地给别人介绍这介绍那，努力打造一个万事皆知的形象。而且说话语气很是坚决，给人一种仿佛他说出来的便是真理一般的架势。

人们之所以会这么做，就是怕被人说成是无知，怕别人不重视自己。却不知，这种夸夸其谈的方式，反而更容易失去别人的尊重。一个人想要赢得别人的重视，靠的不是吹嘘，而是平实。有什么就说什么，比什么都说更容易赢得别人的认可。承认自己的不足，会让人觉得这个人更加真实，更加可信。

在这方面，马云也做得很好。他在一次给大学生的讲话中曾说：

> 今天我讲的很多东西不一定是对的，你们就把这当成是一个师兄在讲一些他的经验。很多人问我，为什么你讲课我们愿意听，而其他人讲我们就不愿意听，因为很多东西我讲的不一定是对的，所以大家愿意听。很多演讲者在台上讲的话全是对的，讲了一大堆，上面没有一个字是错的，没有一个句子的思想是错的，但是连他自己也不一定相信。像我们这样的人，讲的不一定是对的，但我们是

坚信不疑的。

时时宣扬自己已经掌握了真理的人，往往并不能真正说服别人，而那些谦称自己掌握了部分真理的人，往往更容易获得别人的认同。道理就在这里，人不是全能的，没有哪个人能够将世上所有的道理都讲通、讲透，这时候坦然说出自己有时候所说不一定对，自然更显真实，也更显亲切，自然能够获得别人的好感。

阿里巴巴曾经经历过一次内部高管离职的“欺诈门”事件。这对任何一个公司来说，都算得上是一件“丑闻”，可是当记者问到马云的时候，他没有遮掩，也没有去谴责，而是平实地回答了问题，为自己赢得了掌声。他说：

> 这个是不是最好的解决方案我不知道，但这是最正确的方案。我没有办法追求完美，天下没有最完美的解决方案。真有99名员工涉及这个事情的话，解决的方案只有一条，一定有人为此付出代价，而付出最大代价的一定是CEO。

没有任何遮掩，坦诚地表示了遗憾和思考，这便是马云，不管在什么时候，总是让人敬佩。

跟人交谈的时候，有什么说什么是第一位的。讲话技巧是表达方式上的，在内容上，没有任何技巧，也不应该使用技巧。任何应用在内容上的技巧都是妨碍我们表达的，只要诚实地说出真相就好了。至于用什么方式说出真相，才是需要技巧的。

不要不懂装懂，也不要刻意去营造一个形象。用最合适的方式说出自己的想法，才是最好的。真诚的语言从来都是最有力量的，那种力量不在于华丽的用词，而在于真挚的情感。

有什么就说什么，不要将自己打扮成万能的神，神站得高，但有一天摔下来必然也摔得最惨。有一说一，才是最好的说话方式。

当然，说实话的时候也是要有些技巧的，这时候用到的才是表达方式上的一些诀窍。要保证自己说出的话既没有妄自尊大也没有妄自菲薄，更不会伤害别人。我们要说实话，但更要有技巧地说实话，如果因为自己说的是真实的话，所以觉得伤害别人也无所谓，那么就大错特错了。用技巧去表述现实，才是我们要去研究的问题。

像马云一样，有一说一，但用最恰当的方式说出来，才是真的懂得表达的人。

好的语言不在华丽，达意则灵

讲话要讲真话，不要讲空话，要保证原则，不要随意乱说，同时也要实事求是，少说豪言壮语。

有些人特别喜欢豪言壮语，当别人做事的时候，他看着不顺眼，于是便开始说要是我会如何如何。在这些人眼里，讲这样的话说明自己有水平，但在旁观者眼里，这不过是在吹牛罢了，没有任何实际意义。

豪言壮语一般都是说着舒服，但并不会给我们带来什么好处。这是一种，还有就是，虽然身份地位不怎么样，却总是把梦想挂在嘴边，而梦想又多半是不切实际的。这样的人，也难讨人喜欢。一般来说，只做不说的人不会有人讨厌，边做边说的人也不会有人讨厌，只有那些光说不做的人才会让人觉得讨厌。而没什么本事却整天豪言壮语的人，就更是让人讨厌了。

在这点上，马云做得就很好。以马云的事业、地位和影响力，是有资格说豪言壮语的，但他并没有那么做，依然是有一说一，不去刻意强调自己的厉害之处。

在跟观众沟通的时候，马云秉持的就是这一原则。

观众：我有两个问题，一个是现在的社会在进行一个变化，您当时创业是一种情况，现在是另外一种情况，如果您现在的情况一无所有了，您还有豪言说自己想做创业教父吗？

马云：第一我不知道创业教父是什么东西。我没有想过做创业教父。每一代人都说我们这代人比你们那一代难多了，每一代人都这么说。我可以说我今天的能力比10年以前强多了，但是，按照今天的能力从10年以前再走一遍一定走不过来。因为很多天时地利人和过去了，大家看到的只是今天的我，我更希望大家看到10年以前的我，10年以前的我和你们一样，甚至比你们还糟糕。我好几次想考对外经贸大学但是考不上，对外经贸大学是我10个理想中的大学之一，但我没考上。

这10年走下来，绝大部分人犯的错误我犯了，别人没犯过的错误我也犯了。我不想说自己多么能干，没有我的团队没有这个时代，没有中国的改革开放，没有邓小平，就什么都没有。我父亲跟我说过如果你早生20年就被抓进去了。

晚生20年，我会坐在这儿跟那个马云对话。就是今天时代给的机会。每个人都有自己的机会，别告诉我，今天的你比你10年以前要难多了，其实是越来越容易。你如果去找就一定有机会。所以我想，假如回到10年以前，我还会走这条路，但会不会这样走？这就不好说了。我看到支付宝六年以前，决定做支付宝。我前两天听支付宝的会议胆战心惊听不懂，两天内没有听懂他们讨论的问题，无论是技术、安全、设施还是合作伙伴，尤其是技术等复杂的问题。如果六年前我如果知道这么复杂，我敢干吗？无知者无畏，干到现在这么大我也只能搞下去了。

马云的过人之处就在于，他总是强调自己成就于时代与运气，但人们听了他谦虚的话后，却觉得他是一个天才。之所以有这样的现象出现，与马云的讲话方式是分不开的。

我们总是喜欢低调的、尤其是那些有成就的低调者。马云深谙这一点，所以从不张扬。但不张扬并不等于不表现。

仔细看上面一段话，你就会发现，马云真的很厉害。他一直嘴里说自己是个普通人，但同时也一直在描述自己这些年做了哪些事情——那些事情都是普通人所无法完成的。马云的高明就在这里。

真正会说话的人，从来都是谦虚评价自己，但高调介绍自己的成绩。这样才能获得别人最大的认可。

如果一味谦虚，说自己什么都不是，那么别人会看轻我们。可是如果说自己伟大，别人又会反感我们。只有将自己曾经做过的那些别人做不到的事情坦然说出来，然后在评价自己的时候，轻松说一句，我不过是运气好罢了，才能给人一种高调的谦虚感。

承认自己的不足，就是最大的“足”

人都是不完美的，但却都在追求完美。人都不是万能的，但都在向往万能。有的人能够认识到自己的不完美，有些人则认识不到。前者会获得快乐，后者则凭空增添了许多苦恼。有些人知道自己不是万能的因此坦然承认，反而获得了别人的认同，有些人无法接受自己的不万能，于是拼命装扮成一个万能者，因此成为别人嘲笑的对象。这其中的差别，就在于对自我的定位以及对外界看法的定位。

有学者研究说，人越是在公共场合，就越是愿意将自己装扮得无所不能，这样做是为了让别人以为自己很出色，想在众人面前露脸。可是，现实中，往往越是这样的人越容易出丑，反而是那些在不同场合都强调自己不万能的人，更能获得别人的相信。

因此，如果想要得到更多人的认可，不妨控制下自己的虚荣心，谦虚些。尤其是一些宏大的问题，尽量不要去碰触。拼命打扮的结果未必就是让自己变得更美丽，反而会因为用力太过而变得虚假。

马云是一个真实的人，自己做不到的事情，就说不知道。在一次访谈中，一位观众曾这样跟马云对话：

观众：谢谢。还有另外一个问题，和我们学校有关，我们是对外经济贸易大学，我们现在关注对外贸易的形势，认为中小企业面临这样一个困境，而且阿里巴巴也一直是以中小企业为主要服务对象的。我们想问马云先生，就是您认为您能够为现在中小企业摆脱困境做一些什么努力或者制定一些什么样的策略吗？

马云：你这个问题即使问联合国秘书长他也做不到。但是我们每个人即使做一点点就够了，其实阿里巴巴B2B就围绕中小企业做，有12000名员工，大家都很努力地再往前做一个产品。金融危机的时候我不断呼吁不断做努力，但是你不可能解决。

就像昨天有人问我，马云你怎么为我们中西部贫困地区做点什么？这事又搞大了。我不知道该怎么回答，我们一直在努力，但是毕竟我不是政府，所以我提的想法是公益的心态商业的手法，商业的技能公益的手法。今天很多人是商业的心态公益的手法全都乱掉了，我永远相信会好起来。我们这代人不能改变中小企业的命运，但是90后一定可以，而不是我们。

我今天来跟大家80后、90后讲的一个点是，你们会为我们这代的人做出非常骄傲的成绩来，你们会为我们找回中国的价值体系，找回真正中国未来的发展。我们这代人当然也很努力，但是你们会做得更好，我相信，一代永远胜过一代。我仅是尽我这代最大的努力，但是你们这代人80后、90后，你们有权利抱怨但是你们没有资格抱怨，今天我们这代人有资格抱怨但没有权利抱怨。我们应该改变它，否则10年以后、20年以后你们下一代全是抱怨。

以马云所经历过的事情，以及他在电子商务中的地位，面对那个观众的提问时，即使他无法做到的事，也可以很轻松地遮掩过去。因为他在那方面的专业知识比别人多许多倍，不需要给出一个具体的特定可行的方案，只需要几个名词，听众们就会觉得马云很厉害，很有办法，可以解决观众提出的问题。但是马云没有这么做，而是以一句玩笑式的“这个问题问联合国秘书长他也做不到”来承认自己没办法。这便是一种真实，不知道就说不知道，办不到就说办不到，这样的态度才是最好的态度。

更能体现出马云讲话技巧的是接下来的表达，他一直在说自己的努力和付出。这种表达方式给人的感觉就是，这个人在面对一个几乎没有人能够凭一己之力就可以做到的事情，但他没有放弃，而是一直在坚持，并且，他已经取得了一定的成绩。给人这种印象之后，想不得到别人的认同都很难。

我们要学习的就是马云的这种讲话技巧。面对别人的提问时，自己做不到的就坦然说做不到，但接下来还要补充一下，就是自己在这方面做过哪些努力，取得了哪些成绩。这样才能得到最大程度上的认可。

最坏的就是做不到的时候还拼命吹嘘，那样是在降低自己的格调。

朴素从来都是打动人心的利器

人们不管是写东西还是说话，总是喜欢追求华丽。很多人都觉得，能写出漂亮而又深情的文章是好的，能说得天花乱坠、文采斐然也是好的。其实，大可不必。

不管说话也好，写文章也罢，最重要的不是华丽也不是美感，而是清楚明白。一篇华丽而又空洞的文章绝对不能称作好文章。说得天花乱坠但都是废话也绝对不能称之为好的口才。

真正的高手，就是用最质朴的语言、最简单的方式、最少的字词将自己的意思表达清楚。做到这些就足够了，如果太过于在意语言的外在表现形式，反而会妨碍我们将意思表达清楚。

马云就是一个说理非常清楚的人。第四届网商大会暨第二届网商节是在杭州开的，主题是网商的崛起，马云、郭台铭、孙正义等都出席了那次活动。在活动中，马云做了演讲，下面是其中的一段：

今天我很感谢郭台铭先生给我们做的演讲。两个月前我跟郭先生说好以后，他说你要把提纲和题目给我，前天早上我们还在开电话会议讨论怎么讲，我还没见过一个大佬准备演讲这么认真过。前面两次我们争论比较多一点，但是我不能不断地表达自己的想法，否则就没有时间听。我在下面一直想，有些东西的确让我感慨。第一他感觉到成功，我自己不知道什么叫成功，但我知道什么叫失败，我不敢说我们是成功的，人开始承认自己成功的时候也是开始走向失败的时候。

另外一点，我觉得我们两个有一个共同点，在武功上面他像外家功夫，我像内家功夫，但是大家基本的想法是一样的，坚持啊，梦想啊，永不放弃啊，细节啊，大家都知道凌晨两点钟郭先生还在准备今天上午的演讲稿，他细节的处理，包括每一个字，都是他自己一笔一笔在做，包括昨天晚上我们在西湖上面谈论项目。一个很勤奋的人，很注重细节的人，很有理想的人才会走到现在。以前我对郭先生的了解也是在媒体上，我觉得媒体上绝大部分东西不能相信。至少别人把我说得那么好，我没那么好，别人说我那么坏，我也没有那么坏。所以我今天在这样一个场合，把郭台铭先生介绍给大家！

郭先生不是一个继承父母遗产的人，也就是30年以来靠点点滴

> 滴走到今天的。我们都有一个梦想，我的梦想刚好跟郭先生相反，我们第一次吵架就是从这儿开始。我认为大企业在信息时代会越来越小，我的梦想就是把所有的像富士康的大企业变成小企业，至少把它拆成四零八落的，大家都有饭吃，要不麻烦就大了。
>
> 我们觉得没有新经济和旧经济之分，我们这个新经济，所谓的互联网就是初始完善的设备，传统行业更加好，更加完善，但是我觉得旧工业时代，在20世纪，由于规模化，由于资本化，由于各种大企业的资源，逐渐形成了大企业的垄断，而互联网就应该打破这种垄断。

这段话，说得非常质朴，但表意清晰。这样的话反而是打动人的。

要知道语言的动人之处在于其内容、情感，而不是是否华丽。用最质朴的语言表达人类最为基本的情感就是最能打动人的。如果脱离了这一点，那么不管怎么去包装都没有用处。语言是表达感情的而不是制造感情的，如果为了追求语言而放弃语言的表达，反而给人一种假的感觉。怎么想怎么说出来就好了，只要说的是真感情，那么听者一定能够接收到。

很多人都想练好口才，其实练好口才也很简单，表达真心就可以了。将自己最真实的想法表达出来，只要说清楚了，让听的人不糊涂，就能够得到对方的认可。因为，他们可以接收到你散发出去的情感。

放低姿态，拉近距离

每个人都喜欢在别人面前展示自己，希望自己成为众人中的焦点，成为最受瞩目的那一个。而这些人中，有的由于这种想法太过强烈，便会去刻意突出自己，讲话的时候喜欢夸大，尤其是讲到自己曾经做过的比较得意的事情时，更是会隐去一些信息，变成完全突出自己好的方面。

其实这种心理是没问题的，谁不想让更多人关注自己呢？可是这种做法确实不可取，因为这让我们变得虚假。很多时候，面对自己不知道的事情，坦然说出不知道就好。面对自己曾经做过的事情，尤其是引以为傲的事情，不要掩盖瑕疵。因为只有有瑕疵的人才真实、可信，也才能引起别人的共鸣。

马云就是一个很真实的人。他有让人羡慕的成就，也有强大的人格魅力，因此很多人都喜欢他甚至是崇拜他。而那些马云的崇拜者就会在不觉间神话马云，至少是将他说得特别厉害。一般人面对这种情况的时候，都会因为虚荣心作怪，因此默认。但马云却很少这样，都是实话实说。

关于马云最传奇的传说，便是当时他靠六分钟的讲话征服投资人的故事了。那个故事有很多种版本，基本都是在突出马云的。下面我们看看他自己怎么说。

马云：我的合作者还挺不错的，像那个孙正义。软银的孙正义，他是一个我非常敬佩的人，我跟他谈判六分钟就可以解决所有的问题，我们第一次谈判六分钟就解决了2000万美元的投资。

主持人：六分钟2000万？！

马云：前几天我们更神奇了，因为有时候人与人之间这种化学反应，很多人认为我们两个是疯子。

主持人：你有没有问过他为什么跟你接触六分钟就敢投2000万美元？

马云：远远不止的，后来我说不要那么多。

主持人：这是为什么？

马云：我也不知道，以后要问问他了，反正我们两个人挺逗的。上个月我在东京也是跟他一起，他说我相信你，我说我也相信你，所以在我最倒霉的时候你没来责怪我，因为你有太多事情要责怪，所以来不及责怪我。

主持人：换而言之，你身上哪一点被他相中了？

马云：有一点，我们两个都想做真正的有意义的大事情。就是说很多人可能讲我想赚钱，而我觉得我想做的是一个这么庞大的计划，要80年的企业，做世界十大网站之一。我记录了这几年所做的事情，他觉得这个人的心特大，而且这些股东全是世界一流的。我在全世界选择股东，日本选的孙正义，美国选的高盛，欧洲我选择Investor AB，像ABB、爱立信都是他们控股的家族企业。在亚洲选的，我不仅要人家的钱还要人家的人，因为我觉得孙正义的钱跟其他钱不一样，我要的是背后他能够给我带来什么，给我哪些支持。

马云没有神话自己，而是用了“不知道”。坦陈只是一种奇怪的情感在起作用，而不是自己有什么魔力。他把外界传言的有很强的忽悠能力，能够让投资人顺利掏钱的马云还原成了一种缘分式的、两个陌生人之间的相互吸引。这种强调偶然性的做法，就是坦然，而这份坦然，正是别人应该学的。

很多事情，还原它的本来面貌就好了，没必要做过多的解读，尤其是发生在自己身上的事，如果过度解读就给人一种吹嘘自己的感觉了。那样反而不美。

有什么就说什么，不知道就说不知道，才是最好的。因为这样最真实，讲话就是在表达情感，而情感只有真实才能够打动别人、说服别人。

不要太过虚荣，从而说些夸张的话，这世界上没有人能够永远靠夸张自己活着。那些真正取得成就的人，都是真实的人，他们讲实话，说真情感。也只有这样，才能够得到别人持久的认可。如果觉得别人都是愚笨的，自己说些谎他们也听不出来，那么迟早会尝到虚荣造成的苦果。

当你炫耀聪明时，就开始变得愚蠢

人都有一定的虚荣心，喜欢美化自己，这是很正常的，毕竟每个人都渴望得到更多人的认同。不过，即使美化自己也是要掌握好一个度的。特别是以一个团队的一员的身份出现的时候，更要懂得把握这个度。可以宣传自己的团队，可以跟别人说自己的团队很厉害，也可以拿出团队的成绩给别人看，但切不可把所有的功劳都安放在自己的身上。一个人，最重要的是懂得尊重别人的劳动和付出。

马云是一个懂得尊重别人的人，尤其懂得尊重公司内部每一个员工的劳动和付出。在大多数人看来，阿里巴巴能有今天，是马云的功劳，可以说没有马云就没有阿里巴巴。不过马云却曾不止一次在公共场合说，阿里巴巴可以离开马云，但马云却离不开阿里巴巴。这就是一种不贪功的表现，这么说话，让人听起来就很舒服。这也是马云的独到之处。

阿里巴巴可以没有马云，但马云不可以没有阿里巴巴。有我在跟没有我在，公司其实差不了多少。

经过10年的发展，我们公司从18个人到今天的18000多个人，相当的不容易。

这10年来，我们犯的错误比取得的成绩多太多。今天别人想知道的是，我们取得了哪些成绩，其实我们没觉得有什么，只是我们活下来了。从1999年到现在全世界至少不下2000家企业做电子商务，跟它们相比，我们真的活下来了。

我们这一代人是很幸运。在上市的前一天，我把阿里巴巴全体员工集中在一起，这些人现在最少的都是百万富翁。我问他们，你们为什么这么有钱，是因为我们比别人勤奋吗？我自己感觉比我们勤奋的人多太多了。是我们比别人聪明？我看更不靠谱。

小学我读了七年，高考考了三年。后来考了师范学院，专科，当时大学少男生，我就“转”成了本科。我曾应聘了很多的工作，没有一个单位要我，最后我去踩三轮车干了两个月。所以一路走来，我并不觉得我聪明。

我认为，这是因为我们很有运气。回过头去看，如果重新来一遍，我还是这样走。会不会成功，会不会走过来？我认为，概率非常低。

不管在什么场合都要懂得尊重别人。既要尊重跟自己一起共事的人，不抢夺别人的功劳，也要尊重在场的听众。不要用一种强势的命令式的口吻来跟听众说话，那样不是个性，而是没有礼貌。尊重对方，是人们彼此沟通的时候要坚持的第一条原则。

想要做到时刻尊重别人，首先就要把心态摆正，要明白，人与人是平等的，只在际遇上有差别。更多的时候不是因为谁比谁更聪明，而是看哪个遇到的机会更多。了解了这点，自然就不会觉得自己高高在上，用一种不够尊重的口气跟别人说话了。

还有就是，不要拿无知当个性。很多人认为，想要获得众人的瞩目，就要与众不同。可是他们不明白，这种与众不同是学养、气质上的不同，而不是只要做些怪异举动就可以的。因此人们常常会陷入一个误区，刻意为了不同而展现不同。而他们在展现这种不同的时候，就会常常表现出轻浮的一面，从而给人一种不懂得尊重别人的印象。

一般来讲，人与人交流的时候，是一种共生共存的关系。如果做一个比喻的话，即别人是土地，而我们的行为是种子。如果我们通过自己的话语给对方种上尊重的种子，那么我们收获的也必然是尊重。如果觉得自己了不起，不需要尊重别人，那么从别人的土地上长出来的一定也是不尊重。到时候，受到伤害的一样是我们自己。

对别人尊重，别人才会对我们尊重，想要成为真正受人尊重的人，就要每天都播撒尊重的种子。

有一种口才叫谦虚

古话说："满招损，谦受益。"这句话很多人都听过，也都明白其中的含义。可是真正能够做到的人却不多。更多时候，我们只不过将其当成是给别人说教的一个语录式的口头禅，等到自己要面对类似情况的时候，早就忘了这句话所说的道理了。

这不奇怪，也不丢人，这是人常会有的一种想法。不过，常出现并不代表着它是对我们有利的。事实上，如果真正坚持做到了那句话中所说的道理，对我们是大大有益的。

做人就要懂得谦虚。首先，一个谦虚的人，必然是低姿态的，这样就不会给别人太多压力，同时也不会惹人反感，这样就为自己挣得了更多的生存空间，也可以赢得更多的朋友。第二，谦虚的人往往都不自傲，这样的人懂得换个角度看问题。因此他们常常能够看到自己的不足和毛病，然后就可以有针对性地改掉了。

而一个自大的人则恰恰相反，满眼都是自己的优点，丝毫不觉得自己有什么不足，因此也丧失了改正的机会，这也意味着，他失去了进步的可能。还有就是太过自负的人，往往瞧不起别人，跟人说话的时候常常颐指气使，让人恼火，这样的人少有朋友。

因此，谦虚是必要的，也是必须的。我们先来看看马云是怎么做的。

提问：马总你好，我在你的左手边，我是来自于站长之家，我想代表站长讲几句。首先是要感谢马总，阿里巴巴淘宝和淘宝客给我们站长分了这么多钱，要感谢马总，感谢阿里。第二个是正式的问题，我不太知道马总是不是第一次参加这样的站长会议，我想问的第一个问题是，马总对于我们地方网站的站长最初感觉是什么样的?第二个是对于我们这些生活在互联网生态圈最低层的站长有哪些建议?谢谢马总。

马云：第一，我对你感谢我，我感到受宠若惊，我真是觉得我做阿里巴巴和淘宝客的时候，不管别人怎么看我们，我是真心觉得做这个思想的时候，跟阿里巴巴和淘宝客的人说，感谢这些站长。刚刚竞争的时候，没有小网站和站长们的支持阿里巴巴就活不下来，今天淘宝大了应该做一些思考。所有的活儿不是我干的，是淘宝客和阿里巴巴所有的工程师做的，而且今天阿里巴巴的发展也超越了我的能力范围所在。很多人在网上表扬我，马云你怎么那么厉害，我真的不厉害，我真的不懂互联网。两年之前我知道会这么复杂的话，我可能就不会做支付宝了。无知者无畏，技术如此的复杂，我就做什么工作呢?坐在那里认真地观察，认真地听，有没有违背我们的使命和价值观，有没有违背我们答应的事情，就是做这个事情。包括了阿里巴巴和淘宝发展得这么大，我跟新华社的李社长说，我和我的团队是没有原因和理由获得成功的。在中国，我们成功了，要感恩这个时代，感恩互联网，感恩所有人的支持。我们希望做更多的事情来回报，我们自己是这么去想，才能这么去做事情。分钱给大家，是大家的劳动所得，跟我是肯定没有关系的。你把自己说是最低层的互联网生态圈，你认为是最低层的你就是最低层，你认为是最高层的就一定是最高层。我觉得站长们，你们是互联网最高层，因为你们让我们看到了希望。是我们所有在座的人的创新、创意，才让人们看到了我们还可以有公司超越腾讯，超越淘宝，超越阿里巴巴，还有机会跟谷歌拼一下，还可以诞生中国超越Facebook的企业。10年之前谁看好马云，谁看好阿里巴巴，谁看好淘宝？是我们自己相信我们可以，我们才发展起来的。

不居功，不自傲，懂得看到别人的好，更懂得对自己的合作伙伴感恩，这就是马云表现出来的素质。也正是因为这点，才有那么多人愿意跟马云做生意。因为一个谦虚的人，一定是懂得替别人考虑的人，跟这样的人在一起，会更加舒心。

人和人都是一样的，没有太大差别。因此，不要总是觉得自己比别人厉害太多。像马云那样拥有无数人羡慕的事业的人，一样是谦虚而又低调的，其他人又有什么资格狂妄呢?

要明白，狂妄不是个性，而是浅薄。

“虽然我们很优秀，但也要低调”

马云说过一句话：“善于倾听别人的人容易成功。”

这句话的意思是，不要总是表达自己，而要多听听别人怎么说。如果心里只装着自己，处处都展现自己，是很难成功的。因为这样的人会因为太过于夸耀自己从而让别人产生不适感，之后远离他。当一个人成了一个孤家寡人之后，自然无法成功。

通过这个道理，我们也能总结出一点，那就是与人沟通的时候，不要太过直接，更不要太过张狂，要懂得给别人留有余地。如果太过张扬，总是在炫耀自己，那么总有被人遗弃的时候。

炫耀或者争论，带给我们的没有荣耀，只有失去，失去的可能是机会，也可能是朋友。因此，不要过分展现自己，遇到别人抬高自己的时候，也要表现得谦虚些。要注意保持沟通双方的同等地位，这样才能真正得到我们想要的。

在一次演讲中，马云说：

> 我记得在机场买过一本杂志，杂志上介绍了一个人。我说这个人怎么这么厉害，翻过来一看，觉得这个人是我，又根本不是我，夸张！但是，我要强调一点，不要盲目地去追求一些东西。第一次创业的时候，你想做什么，到底要做什么？不要受外界的影响，你自己就要确定你今天就是要做这个事情，你要有决心。我记得我在做阿里巴巴的时候，有一个机会。有一个很大的公司给我的年薪是150万美元，不包括奖金和股票。这是很大的诱惑，但是我没有答应。我家人说我是疯子，这么多钱，你不要。我就说这个机会我不要，我就是想创办一个中国人的网站，所以有时候你要做什么，当你愿望很强烈的时候，你会抵挡很多诱惑。现在很多企业不会问你能做什么？因为这个世界上能做什么的人比你多多了。
>
> 有了这点以后你会非常独特，因为你想的时候非常深入，这两年我不跟别人探讨阿里巴巴的模式。今天我讲的未来5年也是很模糊的，说心里话我真的不了解阿里巴的模式是什么。说实在的，如果你真的有好的模式，你不要告诉别人。是不是这个道理？假如你们家床底有一个金罐，你不可能去告诉所有人。所有好的模式都是摸

> 索出来的。一个月前我参加企业会谈，在亚布力会议上，有几个人在讲如何才是成功的企业家。后来我分析了他们几个人，他们基本上都是失败了几次。
>
> 一般来说，成功的人往往说不清自己是怎么成功的。中间很多很多的原因、理由你不知道，还有很多运气成分，还有风水等。我觉得阿里巴巴这几年来，我们犯了无数的错误，但是那不是错误。在创业过程中，很多的灾难你预料不到。中国绝大部分企业今天还没有到这一步，绝大部分企业就是战术，战术就是活下来。等你活下来了，等你到了一定的规模、一定的时间，你再去考虑战略。

这就是马云，有事业、有地位，但没有架子。他总是能够摆正自己的地位，不用高高在上的姿态去面对别人。他懂得给别人留有余地，别人自然也会给他更多的认同。一个人，如果说自己比别人强很多，那么他一定会尝到苦果。因为这世上或许有绝对的成功者，却少有绝对的强者。更多的时候，我们所谓的优势，不过是因为在某一个领域付出过更多的时间，有更多的积累罢了，而不是因为我们从智商上就比别人高出几个等次。

既然世界是公平的，人与人之间也没有太大的差别。那么，用差别式的思维讲话的人，就必然要吃亏了。

不要过于炫耀自己，更不要跟别人无故争论，那样于我们百害而无一利。

点到为止，让他人自己体悟不足

人生一世，总是要遇到这样那样的问题，有些是我们所能解决的，很多则是我们不能解决的。遇到不能解决的事情，往往就要向朋友、亲人们讨教了。反过来，别人也一样，同样会向我们讨教。这时候，如何回答，便有学问在里面了。

一般来说，很多人都会选择温婉式的答案。所谓温婉式的答案就是虽然否定对方现在的一些做法，告诉他们正是他们的一些错误所以才导致了如今的烦恼，但并不直接指出，而是很温和地提出，有的是用轻柔的口气，有的则是先肯定那些做法有好的一面，然后来一个“但是”。大家都觉得这样的做法不伤和气，给了对方面子，显得不那么刺耳。

这种想法是不错的，我们虽然说真话，但也要让人听得相对舒服些才好。可是，于解决问题上，这种方法则多无帮助。如果真心为对方好，不妨有话直说，不必转弯抹角。

我们先来看看马云曾经的做法。他曾经在《赢在中国》节目中担任评委，下面是他和一位选手的对话：

马云：你产品的市场是针对国外，针对北美？

李红梅：现阶段是北美市场，美国市场是成熟的市场，其他市场不太成熟。

马云：你有两个核心竞争力，第一个是整合资源，国外没有资源，国内也要摸索，如何整合？第二个核心竞争力是外包，外包是核心竞争力？那么美国公司就做不到外包？

李红梅：第一核心竞争力就是把数据转化和数据输入这一部分的业务，跟软件销售业务整合起来，这是我的一个核心竞争力。

马云：你觉得这个竞争力很高？

李红梅：因为美国的公司很少这样去整合。

马云：你现在有多少员工了？

李红梅：在北美我只有一些高端的设计人员，大概有4个。

马云：我觉得你的项目很难，相当难。我诚恳地建议，你最好别创业。我见过创业很艰辛的人，但他说我就愿意创业。我感觉是这样，从性格各方面来讲，你不是很适合创业。我经常对朋友讲，有时候做一份工作，做一份喜欢的工作就是很好的创业。

你这个人很热情、很善良，这些性格可以让你成为一个非常好的员工，非常好的义工，为此完善自我，这可能很好。但是，对于创业，我很坦诚地说，你真的不合适。

有的人看完这段对话，可能会觉得马云太过直接了，这样会伤害到别人，从而认为马云有些冷血，却不知这正是马云负责的地方。

面对一个人的错误决定，真正对他好的做法是将其点醒，直接告诉他这么做是错误的，是不会有太美好的结果的。如果因为怕伤害他而说得遮遮掩掩，那么我们的话就没有说服力了，也不会引起对方的注意。这样或许看起来我们更近人情，但对那人却丝毫没有帮助。

因此，如果真的是面对自己亲人朋友的错误或者迷茫，就要直接说出来，不怕口气硬一些或绝情一些，也不要怕伤了对方的面子。因为，如果不伤他的面子才是真正地伤害他。

如果有人因为这点而觉得我们太过绝情，从此不跟我们往来了，那么也不妨就放弃这样一个朋友。一个在意面子大过在意友情的人，是不值得交往的。

说话留余地是不错的，但也要分语境；说话委婉一些也是不错的，也一样要分语境。当遇到必须直话直说的时候，就要大声说出来。这样是对自己负责，也是对别人负责。

不矫揉，不造作，方成大器

提到马云，很多人想到的都是疯狂、张扬或者激情，但其实马云真正的标签是真性情，他从来都是有什么就说什么，想到什么就说什么。真性情才是马云的本质，正是有这种本质在支撑，才能让马云得到那么多人的喜欢。

我们一定要明白一个道理。所谓的张扬或者低调，都是外在的表现，是形式上的。真正决定一个人是否受欢迎的并不是这些，而是我们的本质。一个人本质好，那么不管是张扬还是内敛，都会有人欢迎，一个人本质上不好，那么不管怎么样，人们都不愿意跟他来往。

而本质又分为很多方面，比如善良、忠厚、朴实，当然还有真性情。前面几种也是人的好本质，但是想要让人发现这些却是需要一些时间的，只有真性情才能够瞬间引起别人的共鸣。

因此，如果想要很快就得到别人的认同和欣赏，就要在真性情上下功夫。说话、办事，都秉承一颗真挚的心，用真性情去表露，自然能够让我们获得更广的交际圈。

2007年的时候，马云曾去台湾访问，之后接受了很多媒体的采访，其中一次采访中，马云与记者的沟通，很符合本节的主题。

问：你在1995年就创立了中国第一个网站，之后又经营出全球最大的电子商务网站，你怎么看待自己的成功？

马云：其实我从来都不觉得自己成功过。和很多所谓成功的人相比，我既没有技术背景，更没有父母庇荫，这样怎么能成功呢？可是，当我某天念头一转，发现如果阿里巴巴从世界上消失，那可能至少会有50万个中小企业因此而破产、倒闭，数百万人失业时，我才惊觉，原来自己做的早已经不是普通的事情。

其实若要说阿里巴巴成功，也不尽然，媒体对我们其实也是褒贬不一。对我来说，阿里巴巴不过是一家普通的公司，或许发展得比较快，名气也比较大，但我要说的是，对每一个进入阿里巴巴的员工，我都会告诫他们，这里没办法保证你升官发财，但可以保证你一定会非常辛苦。

问：不过很多人认为你在互联网还没进入中国时，就看到了网络的先机，你很有远见，你是怎么办到的？

马云：我没有什么远见，那都是瞎猫碰上死耗子。1995年我到美国找朋友，他向我介绍当时美国正流行，但中国却还看不到的互联网。我搜索了beer、China等字发现，一个关于中国的网页也没有，于是便设了可能是中国的第一个网站——杭州翻译社。怎知开站的当天晚上就收到好几封电子邮件，我便想，网络应该可行。

于是我就回杭州，借了2万元设了中国黄页。我们一家家拜访中国的制造业，再把它们的产品目录翻译成英文，放到网站上，但当时中国根本没有人知道网络是什么，向政府注册也因没有网络的分类而遭遇困难，更有不少人把我们当成诈骗集团。

为了建立知名度，我甚至盗用当时在中国名气正响亮的比尔·盖茨的名义来宣传，加上中国邮政终于在1995年8月在大陆开通互联网，知名度才渐渐打开。

当时，我身边所有的朋友都反对我放弃教职，投身未知的网络事业。但我非常坚持，因为我一直觉得我感受到了一些他们没有看到的东西，我觉得我应该去做。

由以上两个问答，可以看出马云的为人，就是很随意且真性情。他是这样的人，也是这样说话的人。所以人们不需要对马云有过多的了解，只要短短地接触，就觉得这个人是有吸引力的，就愿意听他讲话。这就是真性情的魅力。

这世上，大都是好人，很少有人是品质坏的。真正区别人的办法不是将人分成严格的好人和坏人，而是应该分成有吸引力的好人和没有吸引力的坏人。而在增强吸引力方面，真性情自然是最好的。

不要压抑自己的情感，也不要刻意去营造一种情感。只要我们的情感对别人是无害的，没有伤害到别人，那么就不妨大胆表露出来。这就是真性情，是一种最能获得别人认可的品质。说真性情的话，比掩藏自己、刻意给人制造一种印象式的表达，要受欢迎得多。

附　录

马云的魅力演讲和绝妙语录

阿里巴巴10周年庆典马云演讲全文实录

感谢大家，其实我还没有从刚才的表演中恢复过来，从来没有想到自己可以在万人体育场表演。表演之前呢，我至少紧张了10天，但是表演了两分钟就不肯下来，所有刚表演完下来的阿里巴巴高管都特遗憾，我们只有这么一点时间。所以，一激动我们在后面聊了很长时间，现在我上来跟大家分享阿里巴巴10年的经历。

为今天晚上我大概准备了10年。10年以前我设想过，10年以后我会如何对我们的员工讲话，如何对我们的客户讲话，如何对我的朋友讲话，讲些什么？离10周年越来越近的时候，我心里面越来越亢奋，越来越希望讲，但是到了这几天，我居然晚上都睡不着觉，因为我不知道自己要讲什么。刚才在来之前，我看到那么多阿里巴巴的人，那么多的阿里巴巴的亲朋好友，我其实不需要讲什么，10年来所有阿里巴巴人的行为已经告诉我们了，感谢大家！

10年以前，在我的家里，还有其他17位同事，我们一起描绘了一个图，我们讨论中国互联网会怎么发展，中国电子商务会怎么发展，我们讲了两小时，从此就走上了这条路。10年下来，没有任何理由可以让我们活下来，有无数的原因，无数次的坎坷，无数次的情况让阿里巴巴一蹶不振，甚至消失在互联网世界。我们自己也在问是什么让我们活了下来，并且越来越强大。

我相信我们的人并不是能力最强的，我见过很多很多人比我们强，阿里巴巴今天的年轻人比我们10年前能力更强，我们也不是最勤奋的，有很多比我们更勤奋的人。我们肯定不是最聪明的，因为比我们聪明的人有的是。那么是什么让我们活了下来？让我们坚持走到现在？今天我想在这里跟我们所有的阿里巴巴人，跟我们所有阿里巴巴的亲朋好友分享一下。我认为我们是非常幸运的，我们幸运地生活在这个时代，这个互联网时代，生活在中国。所以我讲，从第一天起到现在，阿里巴巴一直充满了感恩之情，要感谢的人太多了。

我想我首先要感谢我的17位同事、17位创业者。谢谢他们信任我，无论发生任何事情，他们总是坚定地站在我后面。我也感谢在座的所有的阿里巴巴同事，是你们的坚强精神让我们走到今天，感谢大家。

我感谢所有阿里巴巴的客户，他们帮我们成就了阿里巴巴的梦想。我记得9年前有人认为，阿里巴巴的商业模式，阿里巴巴提供的服务就像把一个万吨油轮抬到喜马拉雅山上。我要感谢在座的阿里巴巴的家属，没有你们的支持，阿里巴巴的人就不可能夜以继日每天晚上干到十一二点甚至凌晨两三点，为了一点点程序，为了一个问题，为了一个客户，日夜为之奋斗，感谢你们。我当然也感谢我们的投资者，没有他们的信任我们不会走到今天。我更要感谢的是我的很多的朋友，这些朋友包含很多政府官员。今天我们在这儿有很多阿里巴巴的朋友，很多是政府官员的朋友，他们不仅仅是政府官员，他们更是我们的朋友，他们对电子商务的信任，对阿里巴巴的信任，对中国中小企业的信任，我由衷地感谢他们。

我相信要感谢的人还有很多。这几天我想了很多的人要感谢，很多的人要感恩，包括杭州的出租车司机，杭州西湖上划船的船工，没有他们的支持，没有他们帮助不断地宣传阿里巴巴，没有杭州市民支持我们，我们不会有今天，所以感恩是阿里巴巴10年以来心里永远记着的事情。我记得在9年之前，我在阿里巴巴的100名员工大会上说，我希望阿里巴巴成为杭州的骄傲，我希望杭州的老百姓愿意把自己的孩子，把自己的男朋友、女朋友、丈夫、太太送到我们公司来，让我们的公司越来越大。我们不仅要成为杭州的骄傲、浙江的骄傲，还要成为中国的骄傲和世界的骄傲。今天，我们才刚刚开始，后面的路还非常漫长。

我也相信，不管出于何种原因，我们今天活了下来，但是我们还有92年要走。这92年，我们凭什么再走下去？前10年阿里巴巴只有两大产品，第一个产品就是我们的员工，第二个产品就是我们的客户。我想在这儿分享几样东西，未来10年阿里巴巴必须坚持的事情。第一阿里巴巴是使命感驱动、价值观驱动的公司，8年多来阿里巴巴每个季度考核价值观，每个季度、每个月都是靠使命感，每一个人都是靠使命感而坚持。有人说阿里巴巴创办的是理想主义公司，我今天还是觉得，阿里巴巴是充满理想主义和充满现实主义的公司，阿里巴巴没有理想不可能走到现在。未来10年我们永远是家理想主义公司，当然我们一定会脚踏实地，如果不充满现实主义地去做任何点点滴滴的事情，我相信我们也不会活到现在，我们永远会坚持客户第一、员工第二、股东第三。让华尔街所有的投资者骂我们吧，我们坚持客户第一、员工第二、股东第三。

我们坚持专注，我们专注电子商务，前10年我们专注电子商务，后10年还是专注电子商务，我们前10年专注中小企业，未来10年我们还是专注中小企业。因为，只有专注中小企业，专注电子商务，才能让我们长久，因为中小企业需要我们，因为中国电子商务和全球电子商务需要我们。今天阿里巴巴10周年，看到大家的激情，我从来没有那么担忧过，因为今天是一个前10年的一个阶段的结束，我们后面92年才刚刚开始。从昨天晚上到今天早上，我们收到了18个阿里创始人的辞职信，我们所有的18个人辞去了自己创始人的职位。因为我们知道，从9月11日开始，阿里巴巴将进入一个新的时代，进入合伙人的时代，我们18个人不希望背着自己的荣誉去奋斗。我们今天晚上将是睡得最香的一个晚上，因为今天晚上我们不需要说因为我是创始人，我必须更努力，因为今天我们辞去了创始人的职位，明天早上我们将继续去应聘、求职阿里巴巴。我们希望阿里巴巴再度接受我们，跟任何一个普通的员工一样，我们的过去一切归零，未来10年我们从零开始。

说实在的，收到这18个创始人的辞职信，看到他们讲着真诚的话，我非常的感动，我会在公司内网上分享公开每一封辞职信。10周年阿里巴巴和大家一样，关注着世界发生的巨大变化。互联网的发展，全球化的发展，金融危机，世界经济已经发生了很大的变化，我们在刚才三分钟的录像里看到，毒奶粉、大气变暖，所有的问题，世界在发生剧烈的变化。我认为这世界在呼唤一个新的商业文明，旧的商业文明的时代就是企业以自己为中心，以利润为中心，创造最多价值，希望能够获取更多的利润，以自己而不是以社会为中心。21世纪，我们需要的企业是在新的商业文明下在新的环境下，如何对社会的关系，对环境的关系，对人文的关系，对客户的关系，进行重新的思考。最近一两年来，纠结阿里巴巴管理层的是，未来10年我们阿里巴巴怎么走，我们需要变成一个什么样的公司。我想不是我们想变成一个什么样的公司，而是世界需要我们变成一个什么样的公司。在21世纪，我们需要有21世纪理念的公司，我们希望更懂得开放，更懂得分享，更懂得全球化的公司。我相信互联网之所以发展得那么快，就是因为互联网懂得开放、懂得分享、懂得承担责任，有全世界的眼光。今天任何一家企业，假如想在21世纪活好，必须学会开放、分享、责任、全球化，阿里巴巴就是希望成为这样一家公司。

世界不需要再多一家互联网公司，世界不需要再多一家像阿里巴巴一样会挣钱的公司，世界也不需要有持久经验的公司，世界需要的是一家更加开放、更加分享、更加有责任的企业。社会需要一家社会型的企业，来自于社会，服务于社会，对未来社会充满责任承担责任的企业，世界需要的是一种精神，一种文化，一种信念，一种梦想。阿里人未来10年将坚守我们的信念，坚守我们的文化，坚守我们的梦想。只有梦想、理念、使命、价值体系才能让我们走得更远。

我们希望通过阿里人的努力，能够让互联网、能够通过电子商务，专注于小企业，让全世界所有的企业在平等的、高效的平台上运作。我们期望10年以后，在中国这片土地上，再也看不见民营企业和国有企业之间的区别，我们只看到的是诚信经营的企业；我们不希望看到是外资企业、内资企业的分别，我们只希望看到诚信经营的企业；我们不希望看到大企业和小企业的区别，我们只希望看到诚信经营的企业。我们希望看到商人再也不是唯利是图的象征，我们希望看到企业再也不是以追求利润为目的，而是追求社会的效益，追求社会的公平。我们希望看到自己作为企业家，作为商人，在这个社会里承担着政治家、艺术家、建筑家一样的责任，成为促进社会发展的主要动力之一。

前面10年，通过我们全社会各界朋友的帮助，阿里巴巴使自己创业成功。未来10年，阿里巴巴希望通过自己的平台帮助无数的企业成功，帮助无数的创业者成为阿里巴巴。从18个人到今天17000个员工，我们将永远坚持员工第二，我们将永远也不仅仅满足于创造更多的百万富翁，我们关注员工的幸福感。我们阿里人共同努力，在2010年我们设计、打造阿里人的幸福指数。

我们希望员工不仅仅是物质富有，还要精神富有。我们希望员工有成就感，为社会认同，被社会尊重，我们永远坚持认真生活、快乐工作。

对所有的股东，所有支持阿里巴巴、信任阿里巴巴集团的股东，我们以自己的行动保证，一定会给股东以丰厚的回报，但是我们回报的不仅仅是金钱，我们希望阿里巴巴所有的股东，最后感到骄傲的是，你们投资了一家对社会有巨大促进作用，对社会承担巨大责任、帮助就业、成就梦想的公司。只有这样的公司，你投资才会觉得有成就感。

最后，就像10年以前，在我的家里，我跟今天的杭州市委书记王国平书记说，阿里巴巴10年以后，会成为一家市值50亿美元的公司，当时我们总共凑了50万人民币，非常艰难。我看见王书记兴奋地点了点头，当然边上很多人觉得不靠谱。10年以来，一直很多人说，阿里巴巴讲的是故事，阿里巴巴这个做不到，那个做不到。但是10年了，阿里巴巴其中的一家公司已经在股市上市，市值已经超过100亿美元，阿里巴巴成员已经从18个人变成一万多名员工，阿里巴巴也从中国遍布到全球两百多个国家和地区。我今天当着27000名阿里巴巴的员工、阿里巴巴的客户、亲朋好友描绘一下10年以后，阿里巴巴如果做好新商业文明，我们未来的具体指标是什么。

第一个指标，我们将会创造1000万家小企业的电子商务平台，我们要为全世界创造1亿的就业机会。我们要为全世界10亿人提供消费的平台，我们希望通过1000万企业的平台，通过我们所有企业的平台，让所有的小企业可以通过技术、通过互联网、通过电子商务，跟任何大型企业进行竞争。我们希望我们的消费者，能够享受真正的物美价廉的产品，我们更希望在我们的服务面前，让任何一个老太太，不要因为少交了60元电费去银行门口排队，利用我们的服务，让他们跟工商银行的董事长享受一样的权利。

我相信，1000万家中小企业、1亿个就业机会、10亿个消费者，一定会引来很多的非议、嘲笑、讽刺，不过，没关系，我们阿里人已经习惯了。我也相信世界也许会忘记我们，因为我们不是追求别人记住我们，我们追求的是别人使用我们的服务，完善自己的生活，促进社会的发展。各位阿里人，92年的路非常长，来到阿里巴巴不是为了一个工作，而是为了一个梦想，为了一份事业。我这儿想分享一下不断激励我自己、也是想激励大家的话，我讲了N多遍今天还想讲一遍：今天很残酷，明天更残酷，后天很美好，绝大部分人死在明天晚上，看不到后天的太阳，阿里人必须看到后天的太阳。

所有阿里人请记住，毛主席曾经讲过，“自信人生二百年，会当击水三千里”。世界给了我们这个舞台，全球给了我们这个机会，动用我们所有的智慧，所有的勇气，一切的努力去帮助1000万家企业去生存，创造更多的就业机会，为10亿人提供真正价廉物美的平台。谢谢大家。

提问/回答环节实录：

主持人：马总请留步。刚刚马总给我们举了一个新商业文明的梦想，我想这个梦想是靠所有阿里人来实现的。今天我们现场来了很多的网商朋友，还有我们的合作伙伴，以及我们的阿里家属。我这边收集了一些问题想向您提问。首先替网商朋友问，刚刚我们听到你描绘的蓝图是跟网商密不可分的，那么这10年你有没有什么想对网商朋友说的？

马云：我相信网商有一天一定会成为全球最大的商帮，网商今天基本上是80后、90后开始的，我相信他们崇尚的是“开放、分享、责任、全球化”。我们今天提出了“网商”概念，推出了“网货”概念，我们在2010年还将会推出“网规”。只有网络规章制度，才能够让新的商业文明诞生起来，“网商、网货、网规”形成网络上的一个崭新的时代。所有的网商朋友，10年以前你们不知道今天可以这么做，但10年以后你一定会为世界培育出那么多，我们一起努力。

主持人：在阿里巴巴，每年的5月10日都是阿里接待日，亲友接待日，我相信每一位阿里巴巴的员工背后都离不开我们阿里亲属的这种支持。

马云：感谢大家。有一点请大家放心，阿里巴巴崇尚透明、公平，我们会把你的亲人，把你的孩子，把你的先生，把你的太太照顾好。但是公司不是照顾好你，是他们照顾好这家公司。我们一定会让他不仅物质上富有，精神上也要同样富有。我们希望阿里巴巴出来的人是真正具有幸福感的人，我们也希望所有的亲友推荐更多的优秀的年轻人，我们追求的不是最优秀的人，我们追求的是最平凡的人。特别感谢大家对阿里巴巴的支持和理解。未来10年，我希望大家一如既往地支持我们，谢谢大家！

主持人：刚刚马总进行了一番富有激情的演讲，我第一次离马总这么近，我在后台看到马总非常的激动，这可能是我第一次这么近距离地感触到你的心情。我想公司有很多像我这样的年轻人，我们需要马总再给我们一次爱的鼓励，对不对？

马云：各位阿里人，明天我们将开始新的旅程，阿里巴巴告别了创始人年代，我们将进入新的年代——合伙人年代。阿里巴巴未来的使命是打造新的商业文明，我们阿里人已经坚持了10年，又傻又天真。我们希望未来的10年、20年，有更多的人像我们这样，为完善这个社会、促进这个社会，帮助更多的人实现他们的梦想而实现他的企业的创收，实现企业的成长和发展。让我们全体努力，帮助小企业，帮助创业者成功。我们一定会付出，我们一定会得到，谢谢大家！

马云关于淘宝商城事件的演讲全文

谢谢大家，有点时差。刚从美国回来，对不起大家，每次都是匆匆忙忙把大家叫过来做沟通，今后交流的机会会越来越少。今年答应的活动做了，会议就不会参加。来之前媒体朋友说，你的手上写了什么东西？我的手上写了四五个“忍”字。我的朋友担心我，怕我会乱发脾气。这一年麻烦还真挺多，这样的沟通有三次。第一次是电视台批淘宝有假货，第二次是支付宝，第三次是这个。挺奇怪的，支付宝的事情扯出了VIE，说诚信又说我们打击小企业。

我在飞机上听到了一首歌，《伤我最深的人却是我最爱的人》。这个政策的出台，淘宝商城做了很多研究，我也一直关注这个事情，出发点是：第一，几个部委联合打假做网上诚信，电子商务越来越大，如果我们不对假货水货采取措施，中国电子商务就走不远。第二，中国电子商务面临产业升级。我认为三年之内中国经济会面临新的挑战，挑战最大的是中国民营企业，美国这方面的结构做得很好。我这次去美国另外一个原因，是看奥巴马如何解决就业，他们走过的路，对中国也许是经验。

有人会说，马云你为什么老是站在道德的高峰？我其实并没有，我只是个普通的创业者。去年年底我在淘宝大会上乌鸦嘴，说2011年淘宝必有一难，说过了我也忘了，谁知真来了。我希望2011年是淘宝最后的一次。阿里巴巴今天缺的不是工程师、客服人员，最缺的是法律专家、经济学家和政策学家。请问你们有没有碰过这样一家公司？淘宝上面有800万人开店，很多人以此为生，假如你不改，三年以后网购起来，网购电子商务可能是解决中国内需、扩大就业最好的办法。我是1点20分的飞机，9点之前我和加州州长在讨论加州就业的问题，中国每年就业多么艰难！这只是做企业，好这口，我喜欢做自己觉得对的事情。

这条路是我们自己选的，我们没有请求大家同情，只是希望大家理解一下做这个事情的难度。我今年的名声是“过河拆桥”，我从来不是互联网的英雄，我就是个杭州起来的凡人。我有时候晚上觉得对不起的是我的同事，他们在做超越能力的事情。有人说我们圈钱、非法集资，说拿去买雅虎，你们知道买雅虎要多少钱吗？按照今天的市值计算，要200亿美元，要按照现在几万的速度，下辈子都筹不齐。我们是互联网公司中现金储备最多的公司，我们为200多亿美元早就做了准备。运营淘宝一年需要多少钱？2011年现金支出是60多亿，不包括固定支出20亿，一年花出去七八十亿，我没问银行、政府要过一分钱。你们有困难，哪家企业没有困难？我们是怎么起来的？创造的直接就业200多万，每家企业都有自己的压力，都不容易。淘宝第一次成立的时候，大家说你们靠免费打败易趣，也有人说垄断。前段时间我去美国穿越沙漠，没有油了，走了好久才找到加油站，一看要加75%，开车的人火气很大，很生气说是垄断。油站老板说，你去其他地方看看，欢迎你到这儿来投资，我10年前就开始来这儿做加油站，没日没夜地投资。

今天来闹事的人也不是毫无道理。我仔细听，听了很多，我们政策制定的想法是好的，但方法需要更多完善，需要沟通。王帅一再提醒我，不要骂媒体，要用网络时代的沟通方法，我很奇怪报道出来，不是我们打假建立品质商城，而是涨价5至10倍。我觉得我们的沟通这次是有问题的，制定制度的都是二三十多岁的年轻人，缺少制度专家。有人愤恨，我完全理解，今天必须面对这个挑战。5万多人真正参与攻击的是5000多人，有一半是没有淘宝店的，有店的人都是被处罚过的，当然背后还有一家网络公司的员工在里面。我们不是没有错的，我们向大家道歉。

这个事情如何进行改变：淘宝商城不会为原则、压力而后退半步。这个原则是维护电子商务诚信，打击假货，炒作信用，维护、支持产权，对自己工作的不足、沟通方法等进行全面反思。

1.年费。给所有已经在商城的卖家，9月30日开始，从新规发行，再给1年时间延期，新商家新规则，老商家给1年时间。

2.保证金。上架在2012年内可以按照新股则的一半缴纳保证金，阿里集团出10亿元进入消费者保障金，保证金由浙江省工商局监督，由中国银行进行资金管理。

3.贷款担保。阿里集团拿出5亿元作为先进担保，为符合条件的小商家向银行和第三方金融机构担保。

4.增加投入。阿里集团拿出3亿投资，用于市场推广和技术平台。如果你的平台服务是倒数10%里面，我们不会给你任何支持，尤其是你卖了假货水货，我一定把你赶出去。如果经营有困难，我们给你1年的时间，年费出一半，保证金还有一半我们替你出。

5.转入淘宝网经营。对于不与商城续约或者达不到标准的商家，淘宝商城提供技术帮助，将其商店（B店）转为淘宝网店铺（C店），信用及交易记录均在C店中予以保留。

我们是一群很平凡的人，有人说我们把自己抬得很高，以后我想和大家交流会越来越少，有时候想想我也有自己的家人，我也有2万名同事，有这么多信任和支持我们电子商务的人。前段时间确实挺难过，朋友给我发了很多慰问短信。我感谢他们，我不是一个轻易放弃的人，只要没搞死我，我会越战越强。

今天不是马云，只是代表这一代的人，新的企业家、创业的人，新的精神。前几天的难过在于，假如我们丢失对社会的信任，丢失了理想主义色彩，阿里巴巴很多年轻人也会丢失。这是个最好的时代，也是个最坏的时代；是希望的时代，也是绝望的时代。我相信阿里人、淘宝人，这么努力就是为了让希望还存在。

马云卸任CEO演讲全文

大家晚上好！谢谢各位，谢谢大家从全国各地，从美国、英国和印度来的同事，感谢大家来到杭州，感谢大家参加淘宝的10周年！

今天是一个非常特别的日子，当然对我来讲，我期待这一天已很多年了。最近一直在想，在这个会上，跟所有的同事、朋友、网商，所有的合作伙伴，我应该说些什么？大家很奇怪，就像姑娘盼着结婚，新娘子到了结婚这一天，除了会傻笑，真的不知道该干什么了。

我们是非常幸运的人，我其实在想10年前的今天，是非典在中国最危险的时候，所有人都没有信心。大家不看好未来，阿里十几个年轻人一起相信，10年以后的中国会更好，10年以后，电子商务会在中国受更多人的关注，很多人会用。

但我真没想到，10年以后，我们变成了今天这个样子。这10年来，无数的人为此付出了巨大的代价。他们为了一个理想，为了一个坚持，走了10年。我一直在想，即使把今年阿里巴巴集团99%的东西拿掉，我们还是值得的，今生无悔，更何况我们今天有了那么多的朋友，那么多相信的人，那么多坚持的人。

其实当我自己在想是什么东西让我们有了今天，是什么让马云有了今天，我发现我是没有理由成功的，阿里也没有理由成功，淘宝更没有理由成功。但我们居然走了这么多年，并且依旧对未来充满理想。其实这是一种信任，在所有人不相信这个世界。所有人不相信未来。所有人不相信别人的时候，我们选择了相信，我们选择了信任，我们选择了相信10年以后的中国会更好，我们选择相信我的同事会做得比我更好，我们相信中国的年轻人会做得比我们更好。

20年以前也好，10年以前也好，我连自己都不一定相信自己。我特别感谢我的同事信任了我，当CEO很难，但是当CEO的员工更难。我从没想过在中国，大家都认为这是一个缺乏信任的时代，它居然会使你从一个你都没有听过的名字，闻香识女人这样人的身上，付钱给他，买一个你可能从来没见过的东西，经过上千上百公里，通过一个你不认识的人，到了你手上。今天的中国，拥有信任，拥有相信，每天2400万笔淘宝的交易，意味着在中国有2400 万个信任在流转着。

在座所有的阿里人，淘宝，小微金融的人，我特别为大家感到骄傲。今生跟大家做同事，下辈子我们还是同事！因为是你们，让这个时代看到了希望，在座的你们就像中国所有的80后、90后那样，你们在建立一种新的信任，这种信任让世界更开放，更透明，更懂得分享，更愿意承担责任，我为你们感到骄傲。

今天的世界是一个变化的世界，30年以前，我们谁都没想到今天会这样，谁都没想到中国会成为制造业大国，谁都没想到电脑会深入人心，谁都没想到互联网在中国会发展得那么好，谁都没想到淘宝会发展起来，谁都没想到雅虎会有今天。这是一个变化的世界，我们谁都没想到，我们今天可以聚在这里，继续畅想未来。

我们大家都认为电脑够快，互联网还要快，我们很多人还没搞清楚什么是PC互联网，移动互联便来了；我们在没搞清楚移动互联的时候，大数据时代又来了。变化的时代，是年轻人的时代，今天还有不少年轻人觉得无数的像谷歌、百度、腾讯、阿里这样的公司拿掉了所有的机会。

10年以前当我们看到无数的伟大的公司时，我们也曾经迷惘过，我们还有机会吗？但是10年的坚持、执著，我们走到了今天。假如不是一个变化的时代，在座所有的年轻人轮不到你们。工业时代是论资排辈，永远需要有一个rich father，但是今天我们没有，我们拥有的就是坚持和理想。很多人讨厌变化，但是正因为我们把握住了所有的变化，我们才看到了未来。未来30年，这个世界，这个中国，将会有更多的变化，这种变化对每一个人都是一个机会。我们很多人埋怨昨天，30年以前的问题，中国发展到今天，谁都没有经验；世界发展到今天，谁都没有经验。我们没有办法改变昨天，但是30年以后的今天，是我们今天这帮人决定的，改变自己，从点滴做起。坚持10年，这是每一个人的梦想。

我感谢这个变化的时代，我感谢无数人的抱怨，因为在别人抱怨的时候，才是你的机会。只有变化的时代，才是每一个人看清自己有什么、要什么、该放弃什么的时候。

参与阿里巴巴建设的14年，我荣幸我是一个商人。今天人类已经进入了商业社会，但是很遗憾，在这个世界，商人没有得到他们应该得到的尊重。商人在这个时代已经不是唯利是图的时代。我想我们跟任何一个职业，任何一个艺术家、教育家、政治家一样，我们在尽自己最大的努力，去完善这个社会。14年的从商，让我懂得了人生，让我懂得了什么是艰苦，什么是坚持，什么是责任，什么是别人成功了才是自己的成功。我们最期待的，是员工的微笑。

从今天晚上12点以后，我将不是CEO。从明天开始，商业就是我的票友，我为自己从商14年深感骄傲！

看到你们，看到中国的年轻人，我不希望有一天我们这些人再来一个致我们逝去的中年。这世界谁也没把握你能红5年，谁也没有可能说你会不败，你会不老，你会不糊涂。解决你不败、不老、不糊涂的唯一办法就是相信年轻人！因为相信他们，就是相信未来。所以我将再不会回到阿里巴巴做CEO。

要我回也不会回来，因为回来也没有用，你们会做得更好！

做公司，能达到这个规模，我很骄傲。但是论对社会的贡献，我们这个公司才刚刚开始。我们所有的阿里人都很兴奋、很勤奋、很努力，但我们很平凡，认真生活，快乐工作。我们今天得到的远远超过了我们的付出。这个社会在这个世纪希望这家公司走远走久，那就是去解决社会的问题，今天社会上有那么多问题，这些问题就是在座的机会。如果没有问题，就不需要在座的各位。

阿里人坚持为小企业服务，因为小企业是中国梦想最多的地方。这里，14年前，我们提出了“让天下没有难做的生意，帮助小企业成长”的目标今天这个使命落到了你们身上，我还想再为小企业讲，人们说电子商务、互联网制造了不公平，但是以我的理解，互联网制造了真正的公平。请问，全国各省、各市、各地区，有哪个地方为小企业、初创企业提供税收优惠？是互联网给了小企业这个机会。有些企业三五年内享受了五六亿用户，他们呼唤跟小企业共同追求平等，小企业需要的就是500块钱的税收优惠？请所有阿里人支持他们，他们一定会成为中国将来最大的纳税者。

感谢各位，我将会从事一些自己感兴趣的事儿，教育、环保，刚才那首歌“Heal the world”，这世界很多事，我们做不了，这世界奥巴马就一个，但是太多的人把自己当奥巴马看。这世界每个人做好自己那份工作，做好自己感兴趣的那份工作，已经很了不起。除了工作以外我们一起努力，完善中国

的环境，让水清澈，让天空湛蓝，让粮食安全，我拜托大家！(马云单膝下跪)

我特别荣幸介绍阿里未来的团队，他们和我一起工作了很多年，他们比我更了解自己。陆兆禧工作了13年，在阿里巴巴内部，经历了很多岗位，经历了很多磨难，应该讲13年眼泪和欢笑是一样的多。接马云这个位置是非常难的，我能走到今天，是大家的信任，因为信任，所以简单！

阿里巴巴内部邮件——《为理想而生存》

各位阿里人，几天前有朋友问我今生最相信什么，我说：“我相信‘相信’！”最近我发现很多阿里人非常郁闷，大批网络报道指责淘宝网调整搜索结果，惹得某些卖家来淘宝网门口抗议示威。我看到那么多同事很委屈，甚至流下了眼泪，也发现不少年轻的淘宝人在不断自问：“我们到底做错了什么？为了鼓励大家在淘宝网上创业，坚持7年不向会员强制收取开店费和交易费，坚持扶持发展创业者和中小卖家，7年多的日夜奋战换回来的却是各种各样的指责，我们这样做值得吗？我们选择的路对吗？是否应该放弃促进新商业文明的使命，做一家普普通通的赚钱公司？”

本来应该早点和大家交流，谈谈我的看法。我觉得这是阿里人必须经历的一个过程。阿里人需要一定的时间来接受各种各样的挑战，男人的胸怀是由冤枉撑大的。我觉得阿里人需要有在纷乱的外部环境中用自己的脑袋思考问题和判断问题的能力。选择今天和大家交流，是因为快到阿里巴巴11周年庆典了，也到了我们重温2009年提出的“阿里巴巴要促进开放、透明、分享和承担责任的新商业文明，为全世界1000万家中小企业提供一个生存和发展的平台，为全世界解决1个亿的就业机会，为全世界10亿人提供一个消费的平台”的时候。从提出这个伟大的使命和目标起，我就觉得我们从此以后会走上一条艰难的发展之路，会碰到各种类型的阻力和困难。今天的麻烦仅仅是个开头，我们会遇到越来越多的挫折。坚持做正确的事，坚持自己的理想和使命是一定要付出巨大代价的，在任何时代都一样，尤其在今天的中国商业环境里，促进开放、透明、分享和承担责任的商业文明一定会破坏大批既得利益群体。我们要抗争的不仅仅是这些既得利益群体，还有20世纪的商业习惯。

前段时间，淘宝人做出基于捍卫消费者用户的利益，同时支持提供优质服务和诚信卖家的搜索调整决策，我认为这是正确的！我深以为傲的是，我们的同事能放弃自己今天的利益而去追求创建更加有利于用户可持续健康发展的公平方法！但遗憾的是，大家的好意被曲解，支持诚信卖家被说成是放弃中小卖家，保护消费者利益的措施被指责成是获取自己的商业利益的手段。因为我们毕竟不是生活在真空的世界里，互联网是一个大世界，淘宝网也是个大社会，我们在电子商务的世界里同样要面对欺诈、假货横行等一些社会现象。今天的社会上出现了很多消极、浮躁的情绪，很多人怀疑一切，打击一切，否定一切，总把自己对世界的片面认识强加给别人。还有不少媒体过度地使用“惩恶”的手段，而不是“扶正祛邪”，使得人们不相信还有人会做好事，还有人会为理想和原则而工作……

坚持还是放弃？如果放弃，从此以后我们就会成为一家平庸的公司，为利益而活着，我们可能会在一段时间里很轻松，很赚钱。而坚持理想，我们也许每天都会碰上类似今天的状况，我们要和各种不良势力做斗争，包括巨大的黑色产业链中的恶势力。但坚持会让我们生存和工作得更有意义，坚持会让我们在21世纪里成为一家真正对人类社会有贡献的公司，坚持也会让我们今天付出的一切努力有独特的回报！我想阿里人应该，必须，也只能选择坚持原则、坚持理想、坚持使命的发展之路！

对那些相信新商业文明和支持阿里巴巴成为理想主义公司的社会各界朋

友来说，我们的上帝只有一个，那就是用户。我们会在平时的工作中更加完善自己的服务和功能，我们会加强倾听客户的声音，我们会坚持以保护消费者权益、维护卖家利益为原则。我们坚信在未来的商业社会里，将没有大企业和小企业的区别，没有外资和内资的区别，没有国企和民企的区别，我们觉得只有诚信和不诚信的区别，只有开放和不开放的区别，只有承担责任和不承担责任的区别。我们将全力支持那些诚信、开放和承担责任的企业。我们为自己工作中的不当、不成熟、不完善而道歉，我们保证将不断努力，不断创新……我们不追求最具影响力，我们追求对人类、对社会、对家庭和对自己最有贡献力！

对那些辛苦的创业者，我想说今天是创业最好的时候。一切梦想的成功一定和眼泪与汗水有关，和坚持诚信与努力有关！做商业就不该害怕竞争，害怕竞争就不该做商业。我们害怕的是不透明的竞争、不诚信的竞争、不公平的竞争！怨天尤人的人永远会输给拥抱变化、改变自己的人！

对于我们阿里人，我想说的是，我们坚持了11年的理想，很不容易，但我们还将坚持91年！我们从第一天起就坚持，赚钱不是我们的目的，而仅仅是我们的结果。我们这家由80后、90后组成的公司，必须有别于昨天的企业。我们感恩自己的公司诞生于这个社会，我们会因为今天的社会环境而成长，我们更应该为这个商业社会的完善而存在！这也是我们每天认真工作的意义所在。阿里人，我们自己的未来一定是由我们今天乐观积极的态度和努力决定的！

对那些躲在背后的网络黑色产业链和希望我们放弃原则的人，我想说，我们从来不会因为利益而改变自己，我们更不会因为压力而放弃自己的原则！我们能够面对任何挑战，宁可关掉自己的公司也不会放弃自己的原则！今后我们希望全社会来监督我们的商务政策调整，假如我们的政策调整违背了开放、透明、分享和承担责任的原则，我们一定会认真倾听并修改，我们将会犹如捍卫生命那样捍卫我们的使命！

请那些想通过闹事和传播谎言获益的人注意，你们的举动不仅仅在伤害两万多名优秀年轻人的理想，也在破坏和打击数千万因网络而生存的小企业以及数亿消费者的利益。阿里人感谢真诚的建议和批评，但是别有用心的意见、无理取闹和片面的东西，我们不会接受，即使你们付之于游行示威，甚至通过更加过激的手段让我们屈服，几亿消费者也是不会答应的。我们坚信并会积极地参与到社会积极进步的力量中去。

阿里人，为理想而战吧！此时此刻，非我莫属！

马云部分语录摘录

碰到一个强大的对手或者榜样的时候，你应该做的不是去挑战它，而是去弥补它。

永远不要忘记自己第一天的梦想，今天我还是这个梦想，唯一的区别是我向我的梦想前进了一步。

李嘉诚讲过，他的多元化经营一定得有一个到两个永远赚钱的，才进行第三个。你一定要有自己的旗舰项目，在40岁之前一定要有自己的旗舰项目。

我觉得我们应该为结果付报酬，为过程鼓掌。但是没有结果就是没有结果，报酬一定付给结果，鼓掌是给过程。

坚持做正确的事，坚持自己的理想和使命是一定要付出巨大代价的，在任何时代都一样。

我永远相信只要永不放弃，我们就还是有机会的。最后，我们还是坚信一点，这世界上只要有梦想，只要不断努力，只要不断学习，不管你长得如何，不管是这样还是那样，男人的长相往往和他的才华成反比。今天很残酷，明天更残酷，后天很美好，但绝大部分人是死在明天晚上，所以每个人都不要放弃今天。

怨天尤人的人永远会输给拥抱变化、改变自己的人。

互联网最大的特征是变化，因而最好的办法就是能够预测到变化，抢在变化之前采取行动。

不要贪多，做精做透很重要。

上当不是别人太狡猾，而是自己太贪，是因为贪才会上当。

对于未来的方向，如果说我自己已经完全想清楚，那是在说谎。

这个世界上最靠不住的就是关系。

创新要善于出奇招，善于逆向行事。

记住一点，做任何事情，必须要有突破，没有突破，就等于没做。
创新在于成为你自己，创新在于你独特地思考，以及你执著地把它做出来。

我自己在创业过程中遇到过好多事情，最大的苦难不是缺钱，而是缺人。最有成就感的事情是到今天一大帮人为了阿里巴巴的梦想，为了他们自己每个人的理想在阿里巴巴工作。

群策群力，教学相长，质量，简易，激情，开放，创新，专注，服务与尊重。

第一，唯一不变的是变化；第二，永远不把赚钱作为公司第一目标；第三，三个代表，即代表客户利益，代表员工利益，代表股东利益；第四，阿里巴巴永不追求超额的利润。

员工必须坚持理想，使命感，价值观，一代代地传承下去。这个公司的人可以老去，但是这个企业的文化必须继承下来，一代代传下去，才能有不断的创新。

在阿里巴巴，价值观是一个天条，任何违犯者都将被开除。

很多人是在抄袭我们的模式，抄袭我们的想法，但他抄袭不了的是我们付出的努力，抄袭不了我们付出的泪水、我们的痛苦、我们所经历过的无数磨难。

要让所有员工都知道，他们来就是要把公司做大。

全公司所有的员工，如果你不认同公司的目标，请你离开，如果你认为不可能实现，也请你离开。

我们公司成立的时候就有一个梦想，就是我们想创办令全世界为之骄傲的公司，阿里巴巴是中国人创造的，但阿里巴巴不是中国人的公司，有一天投资者和它的员工、客户都是全球化的。

什么是团队呢？团队就是不要让另外一个人失败，不要让团队任何一个人失败。

不让任何一个队员掉队的团队是最优秀的团队。

多花点时间在你的其他员工身上，要多花点时间在其他人身上。永远让你的队员知道你在哪里，哪个位置上面，什么决定你做，什么决定可以大家做。

创新不要追求酷，一定要是有用的。

一个没有计划性、不可操作的创意，有的时候只会让大家越来越痛苦。从某种程度上来讲，创意要尽可能地少，有想法的人要不断地提醒大家，别乱七八糟地想。有的时候过了头的创意也会让团队伤心，会让整个团队更辛苦。

我不觉得自己crazy，只是think different。

暴躁从某种程度上讲是因为你有不安全感，或者是自己没有开放的心态。

CEO应该是企业里的首席教育官，作为老师，我们的责任就是学习世界上最先进的经验，和世界上的高手较量，学习以后把这些思想告诉年轻人。

今天的阿里巴巴，我们不希望用精英团队。如果只是精英们在一起就做不好事情。我们都是平凡的人，平凡的人在一起做一些不平凡的事。这就是团队精神。

《总裁销讲密码》

主讲导师：吴帝聪　　课程时间：三天三夜

课程前言：

您是否希望拥有一套把话说出去把钱收回来、可以收钱、收人、收心、收灵魂的系统？

您是否希望自己登台上万人批发式演讲销售自己的产品和项目？

您是否希望一场招商会就能招人招资招市、清空库存、收钱收现金？

您是否希望站在舞台上零成本快速吸引顶尖人才加入你的团队？

如果以上回答有一项是肯定的，那么《总裁销讲密码》，将帮助您实现超级演说家、超级成交高手的梦想！

课程大纲：

第一天	第二天	第三天
学习销讲的心法是什么？	如何打造自己的舞台基本功？	如何增强成交信念，成交所有人？
销讲之前十大准备是什么？	如何运用八大情绪感染台下人？	如何找到成交的道与术？
好的销讲的精髓是什么？	如何突破内心恐惧的5个方法？	如何利用情绪瞬间成交？
成为销讲高手的关键因素？	销讲系统流程9大关键？	如何把客户带入情景成交？
销讲与普通演讲的区别是什么？	中场的万能销讲流程？	如何8句话成交客户？
让观众立刻参与你的演讲七个问句？	如何讲故事才具有说服力？	如何运用成交的108种方法？
如何开场三句话震撼全场？	如何寻找生命中的 “三最”？	如何用爱、使命、魂、恨等一个字就成交？
如何三句话自我介绍让客户发出“哇”？	故事中如何解决反对意见？	如何设计销讲稿？
开场的万能销讲公式销售任何产品？	如何运用明线和暗线埋雷？	危机处理技巧和方法？
如何达到说服力演说家的境界？	如何通过故事进行预先框式？	如何提升成交率、实战销讲演练
演讲互动的注意事项？	如何将文字、语音语调、肢体动作完美结合？	现场互评、班委选举 、毕业晚会